老司機揪上車！
日本風俗店
考察團

採訪、編集◎
全國風俗研究會

瑞昇文化

風俗店初體驗

風俗類型資料的看法

以超便宜價格觀賞AV並由女孩幫你手淫的服務

打手槍俱樂部
影音包廂

無射精　親吻　幫忙打手槍　口交　體外性交　真槍實彈

①種類
風俗類型名稱。有些店家會使用不同的名稱。

②享樂內容

無射精 也有只有調情，不至於射精的例子。

親吻 願意和不願意的女孩分得很清楚，這點須注意。

幫忙打手槍 用手幫忙尻槍，就是所謂的手淫。

口交 用嘴巴或舌頭服務。有時會隔著保險套。

體外性交 用小●雞磨蹭胯下，是風俗店特有的模擬性交。

真槍實彈 直截了當地說，就是性交。基本上是違法的。

¥ 所需預算 **15,000円～25,000円**

🕐 玩樂時間 **30～90分鐘**

👍 推薦度 ♥♥♥♥♡

③所需預算／玩樂時間
雖然標示出平均預算與費用，不過有時會有指名費等另計費用。

④推薦度
對於尚未體驗過風俗店的男性，以5個階段標示是否為容易入門的類型。

⑤參數圖

●CP值
對於支付費用的滿意度高低。

●小姐水準
對象女孩的外貌與年齡。

●過火度
有無性交、特殊玩法的充實度。

●安心度
被敲竹槓或踩到地雷的機率。

第一次上風俗店

風俗店是怎樣的地方？

從合法到違法存在著各種類型的風俗店

安全安心的合法風俗店與違法風俗店從幫忙打手槍到性交的豐富玩法！

本書介紹許多種風俗店類型，多半可以分成「向國家提出風俗營業登記的合法風俗店」和「未經許可營業的違法風俗店」這兩種。順帶一提，前者之中在法律上泡泡浴是1號營業、時髦健康中心和護膚店是2號營業、應召站是無店鋪型營業等，種類經過細分，不過這和客人沒什麼關係，所以不用記住。

原本日本承認賣春，不過1958年施行賣春防止法之後，開始禁止在風俗店從事性行為。因此，

合法風俗店只進行幫男性打手槍（女性用手尻槍幫忙手淫）、口交（用嘴巴或舌頭服務）、體外性交（不插入小●雞，摩擦女性胯下的模擬性交）等服務。

唯一可以性交的地方只有泡泡浴，不過這是「默許的行為」。細節會在泡泡浴的章節說明，不過這原本是違法行為。

因此，無論如何也想要本番（在風俗業界對性交的稱呼）時就去泡泡浴，或者只能偷偷地去非法營業的違法風俗店。順帶一提，違法風俗店也有「不能性交的半套店或是以應召站的型態提出營業登記，卻偷偷進行性交服務的店」與「一開始就不採取風俗店的形式，偷偷接客的濫交派對或站壁的」這2種類型。

因此前去風俗店遊玩時，必須按照自己想要的玩法、想要接受的服務，選擇去玩的類型。想和女孩調情體驗戀人感覺、無論如何都想性交、或是想要滿足狂熱的性癖，看清之後再挑選店家吧。

插畫：nあくた

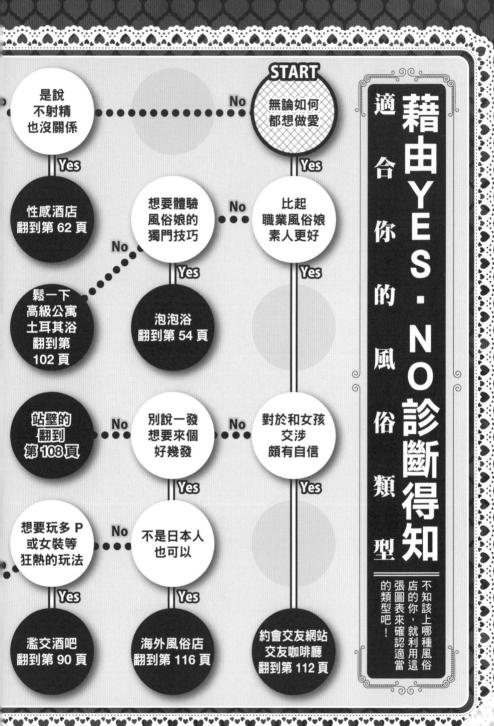

藉由YES・NO診斷得知
適合你的風俗類型

不知該上哪種風俗店的你，就利用這張圖表來確認適當的類型吧！

START
無論如何都想做愛

是說不射精也沒關係

性感酒店
翻到第62頁

想要體驗風俗娘的獨門技巧

比起職業風俗娘素人更好

鬆一下高級公寓土耳其浴
翻到第102頁

泡泡浴
翻到第54頁

站壁的
翻到第108頁

別說一發想要來個好幾發

對於和女孩交涉頗有自信

想要玩多P或女裝等狂熱的玩法

不是日本人也可以

濫交酒吧
翻到第90頁

海外風俗店
翻到第116頁

約會交友網站交友咖啡廳
翻到第112頁

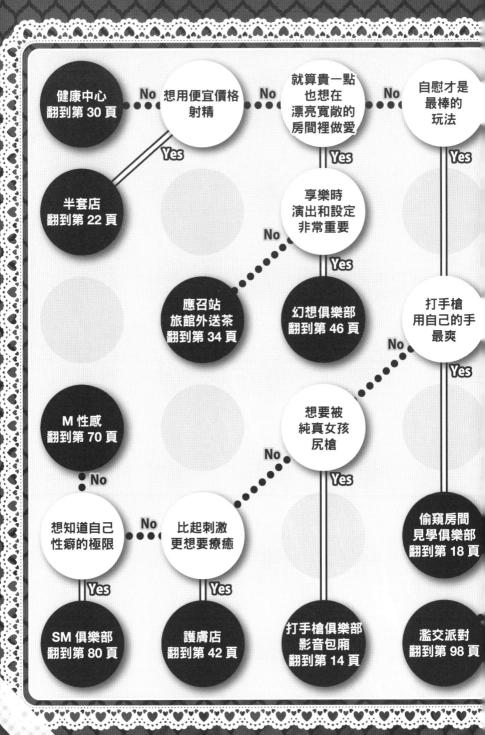

健康中心
翻到第 30 頁 —No— 想用便宜價格
射精 —No— 就算貴一點
也想在
漂亮寬敞的
房間裡做愛 —No— 自慰才是
最棒的
玩法

Yes

半套店
翻到第 22 頁

享樂時
演出和設定
非常重要

No

應召站
旅館外送茶
翻到第 34 頁

Yes

幻想俱樂部
翻到第 46 頁

打手槍
用自己的手
最爽

No

Yes

M 性感
翻到第 70 頁

想要被
純真女孩
尻槍

No

偷窺房間
見學俱樂部
翻到第 18 頁

No

想知道自己
性癖的極限 —No— 比起刺激
更想要療癒

Yes

Yes

Yes

SM 俱樂部
翻到第 80 頁

護膚店
翻到第 42 頁

打手槍俱樂部
影音包廂
翻到第 14 頁

濫交派對
翻到第 98 頁

以超便宜價格觀賞AV並由女孩幫你手淫的服務

打手槍俱樂部影音包廂

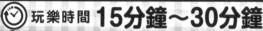

(無射精) (親吻) (幫忙打手槍) (口交) (體外性交) (真槍實彈)

CP值
過火度
安心度
小姐水準

 所需預算 **3,000日圓～5,000日圓**

玩樂時間 **15分鐘～30分鐘**

推薦度 ♥♥♥♡♡

打手槍俱樂部
影音包廂

在能見到純潔女孩的打手槍俱樂部春心蕩漾！

自慰是獨自享受的事。原本這和女孩為男性提供服務的風俗店是互不相容的。不過各種創意風俗店誕生之際，不知不覺以「享受更充實的自慰」為目的的風俗店誕生了。那就是所謂的打手槍俱樂部。

在打手槍俱樂部享受的玩法是，讓女孩看著自己手淫的模樣。這是一種露出玩法或羞恥play，對於沒這種喜好的人來說，這種類型令他們「完全搞不懂有什麼好玩的」。然而即使沒有這種喜好，試過之後遠比想像中更嗨呢。

其中最大的理由在於，在打手槍俱樂部能遇到其他風俗店裡見不到的純潔女孩。尤其10年前的打手槍俱樂部，能遇到許多連風俗店是什麼都不知道的老實乖巧女孩，有時女孩甚至會說出：「我還沒有性經驗……」嗯，這種女孩是否真的是處女，實際上無從確認。

14

打手槍俱樂部會聚集這種女孩，當然是有理由的。雖然這份工作是能獲得高收入的風俗業，卻不用向男性提供性服務。總之只須看著男性自慰，有時再說說感想即可。不僅不用觸碰小●雞，甚至不用脫衣服。頂多因為自選服務會被要求露內褲而已。因此女孩心想：「既然如此，這種工作我也做得來」，應徵者增加的結果，便是店家可以任意挑選女孩，進而錄用客人可能喜歡的類型，於是與其他風俗店類型不同的女孩增加了。

享樂的客人對女孩言語性騷擾：「看到我的小●雞有什麼感想？」「我要開始想像和妳做愛的情景並且自慰」，仔細看著別移開視線喔」，同時持續尻槍。有的女孩會機靈地回話，不過讓人最嗨的還是純潔型。女孩有點害羞地嘀咕：「好大喔……」就算是沒有露出興趣的人也會很有感覺，尻槍的手也會更加把勁。

但是，最近「光是看著自慰」覺得不夠刺激的人增加了，女孩幫忙打手槍直接讓客人射精的服務很受歡迎。當然幫忙打手槍的費用比較貴，不過頂多

只差1000日圓～2000日圓。這種店的純潔型女孩也比一般風俗店還要多，這點自不用說。

另外，打手槍俱樂部準備了各種自選服務也是特色之一。從扮裝、露內褲、露胸罩、牽手、脫衣服、朗讀色情小說、淫語、用手接精液、言語羞辱、觸摸胸部或用腳打手槍等輕度玩法，到口交或相互鑑賞自慰，對應了詳細的需求。嗯，雖然覺得太激烈的服務反而會減損打手槍俱樂部的魅力，不過最好還是斟酌自己的性癖和錢包再挑選服務。

然後關於「享受更充實的自慰」，不能忘了還有影音包廂。從錄影帶全盛期便在街上提供能欣賞AV的包廂，這種店也稱為個人包廂，長久以來擁有超強人氣。

至於服務內容，簡單地說就是能看AV的漫畫咖啡廳。走進店裡，先以錄影帶出租店的要領挑選想要欣賞的DVD。這時候，一次可以借5～6張DVD。

然後拿著挑選的DVD到櫃台登記。影音包廂有可以坐躺椅放鬆的房間，或是設置了小張床鋪的房

間等，準備了各種類型的包廂，包含吸菸室或禁菸室的選擇，告訴櫃台人員你想要的房間類型與消費時間，並預先支付費用。雖是類似漫畫咖啡廳的熟悉制度，不過在某些店要透過售票機購買票券，這個部分最好先上網站確認。順帶一提，費用是每小時500日圓～600日圓左右，還有長時間消費相當便宜的包台費用，請積極地利用吧！

登記完後，拿著DVD進入包廂。各間包廂的大小約0‧75坪到1坪，裡面有電視、DVD播放器、衛生紙和垃圾桶，依照挑選的房間類型，有的還會設置電腦。10年前的影音包廂大多飄散著腐臭味，最近全都蠻乾淨的。另外，完全隔音型的店家也增加了，這種的也不用戴上頭戴式耳機。

雖然剛才把影音包廂定義為「能看AV的漫畫咖啡廳」，不過知名店包廂的華麗程度是漫畫咖啡無可比擬的。完全沉浸在一個人的空間裡，盡情地享受自慰吧！

順帶一提，大部分地方的飲料都是像漫畫咖啡廳那種免費飲料制。如果想看一開始挑選的DVD以

外的AV，也能重新選擇，還能購買人工陰道等成人用品。此外最近能看VR的店也增加了，所以有興趣的人也可以先在影音包廂嘗試看看。當然也能使用淋浴間，錯過末班電車時當成簡易旅館使用也不錯。

然後，享受自慰後在櫃台歸還租借的DVD。如果超過時間，這時依照店家的機制得支付追加費用。

另外，某些影音包廂裡有女孩會幫客人打手槍，但大多是未經許可的情況。正因如此，為了避免被當成違法風俗店，有不少店禁止女性進入店內。

插畫：蒼井遊美

偷窺房間見學俱樂部

隔著魔術鏡看著女孩自慰！

| 無射精 | 親吻 | 幫忙打手槍 | 口交 | 體外性交 | 真槍實彈 |

 所需預算 **2,000日圓～5,000日圓**

玩樂時間 **15分鐘～40分鐘**

推薦度 ♥♥♡♡♡

CP值 / 過火度 / 小姐水準 / 安心度

偷窺房間見學俱樂部

現在仍頑強地倖存下來 昭和懷舊的超便宜風俗店

所謂偷窺房間，是從設置在小房間內的魔術鏡，窺視中央房間裡的女孩表演脫衣服或自慰，自己也能享受自慰的風俗店。1980年代初期誕生於大阪，立刻引發話題，在熱潮退去後仍頑強地倖存至今。

正如在日本有「出齒龜（色鬼）」，在海外有「Peeping Tom（偷窺狂）」這樣的詞語，對於偷窺行為感到興奮刺激的人，自古以來就不少。另外，在風俗店的偷窺房間誕生以前，有些男女幽會的旅館會把客人帶到有窺視孔的祕密小房間……這種事時有所聞。雖然在不知情的情況下被別人偷看做愛的情侶實在是很可憐，不過為何有這麼多人願意為了偷窺而掏錢呢？

像偷窺房間的情形，是知道被窺視的女孩給人看的表演，雖然不能說是純粹的偷窺行為，但是仍然

18

可以完整體驗到偷窺行為的背德感。這種風俗店，肯定今後也會頑強地倖存下來。

那麼，趕緊進去偷窺房間瞧瞧吧！踏進昏暗的店內便先完成登記。聽店員說明制度吧，支付2000日圓左右的基本費用後，接著被帶到等候室。在此和其他客人一同等候替換進房間。然後，接近下一場表演的開演時間時，就被帶到一間小房間。小房間是不到0.5坪的狹小空間，除了椅子只有衛生紙和垃圾桶，非常簡單樸素，但是感覺像是飄散著妖氣，令人陣陣發冷。果然是從昭和時代延續至今的風俗店，絕對不能小看。

順帶一提，智慧型手機、相機或電腦等可以攝影的機器不能帶進小房間。這條規則是為了防止偷拍，如果被發現攜帶進去，不僅會被罰款，還可能被拍下大頭照公布，因此必須注意。智慧型手機、相機或電腦等一定要寄放在櫃台。

不久在照明變暗的同時，女孩進到中央的房間，表演終於要開演了。嗯，雖說是女孩但有時是熟女，這點就不管了。沉迷於偷窺房間整體營造出的

妖媚氣氛中，反而令人覺得極富魅力，真是不可思議。另外，每間店的表演時間不太一樣，有些地方是1名女孩展開15分鐘的演出，有些地方則是2名女孩分別進行5分鐘的演出。

表演內容是女孩在各個小房間前配合音樂跳舞，然後脫掉衣服自慰給人看。女孩慢慢玩弄自己胯下的模樣，非常色情，感覺不錯。隔著魔術鏡偷窺，和這種情境下的背德感相輔相成，緊握小●雞的手也不由得更加用力。

然後BGM變成喘息聲之後，就是「快要達到高潮」的信號。這時正是店家推薦的射精時機。當然，女孩玩弄陰道的手部動作也會變得激烈，自己尻槍的手部動作也一口氣加速吧！總覺得也能體驗到相互自慰的感覺。這時覺得「機會難得，希望女孩幫忙自慰」的人，也可以利用自選服務。自選服務有幫忙打手槍或口交等，分別為2000日圓～3000日圓左右。然後，射精結束要回去時，別忘了到櫃台領回寄放的智慧型手機等個人物品。

至此說明了標準的偷窺房間，不過類似型態的店

家還有「見學俱樂部」。

「見學俱樂部」這一詞變得廣為人知，是在2011年前後。可以隔著魔術鏡看著女高中生玩手機悠閒放鬆的模樣，這種服務博得人氣的「女高中生見學俱樂部」，引發了相當嚴重的社會問題，想必有不少人仍記憶猶新。當時頂多是偶爾看見內褲，並沒有脫掉衣服或直接提供性服務，雖然聲稱沒問題而紛紛出現這種店，但仍是把女高中生當成性對象，而被視為嚴重的問題，結果接連遭到檢舉。現在女高中生在籍的見學俱樂部已經完全消失。

然而雖然女高中生銷聲匿跡了，見學俱樂部卻仍留存下來。現在的實際狀態是「女高中生風格見學俱樂部」。雖然依舊是隔著魔術鏡偷窺身穿制服的女孩，但其實女孩都已經畢業了。當然指名後女孩會來到魔術鏡前面露內褲，不過並不會像標準的偷窺房間那樣脫掉衣服自慰，當然也沒有幫忙打手槍或口交等自選服務。

話雖如此，似乎有許多人覺得「就算不是真正的

女高中生，也想看穿著制服的女孩」，雖然費用是40分鐘5000日圓左右，比起一般的偷窺房間稍微貴一點，不過現在依然維持相當高的人氣。但是，真正的女高中生混進這種店的情形也不少，這種時候，店家很有可能會被檢舉。享樂時自己可得承擔責任。

另外，雖然有些偏離風俗這個類別，不過在網路上欣賞女孩的日常生活、脫衣舞、自慰實況的線上聊天，也能算是與偷窺房間共通的服務。這種的能透過聊天直接要求女孩擺出自己喜歡的姿勢，有時還能互相欣賞自慰。在某種意義上，算是正統進化的平成的偷窺房間。

插畫:咲田

半套店

 無射精 親吻 幫忙打手槍 口交 體外性交　真槍實彈

半套店

 所需預算 **4,000日圓～10,000日圓**

 玩樂時間 **30分鐘～40分鐘**

 推薦度　❤❤❤♡♡

CP值
過火度
安心度
小姐水準

快速便宜又舒服
用嘴巴進行的輕鬆服務

半套店也叫做粉紅沙龍（Pink Salon），是一邊喝酒或喝茶，一邊接受女孩口交服務的地方。

半套店位於全日本各個都市的鬧區，在風俗店的數量中能與泡泡浴匹敵，甚至超越它。而且，單論輕鬆、費用便宜這兩點也是第一流的！幾乎可說風俗店是從半套店開始，也結束於半套店，它正是如此平民化的風俗店。營業時間從中午開始到晚上12點，時間越早費用越便宜，行情是大約4000日圓到1萬日圓。特色是女孩的年齡也很年輕，大概從18歲到25歲，有不熟悉風俗業，近乎素人的女孩在裡面工作。

來吧，打開門踏進半套店吧！「歡迎光臨！」男服務員聲音宏亮地前來迎接。這時他會問你要指名、或是不指名交給店家安排？不過指名的話得再加1000～2000日圓。選擇指名後，透過店

內入口控制面板上的照片挑選。從照片除了容貌，還能得知年齡、三圍等資訊。另外時間充裕的人，建議您先看過店家的網頁。雖然也得看店家，不過通常記載了指名次數名列前茅的半套店小姐，想要接受更周到服務的人，如果選擇常被指名的小姐，不僅臉蛋漂亮，也能獲得一定水準的服務。獲選為前幾名的女孩，正是有其理由的呢。

那麼，慢慢地挑選喜歡的類型，支付費用後，被男服務員帶到位子上，一邊喝茶一邊忐忑不安地等待小姐到來。雖然店內光線昏暗，不過完全看得見隔壁和前面位子的情況。小姐的喘息聲、啪渣啪渣地互舔的淫蕩聲音此起彼落，不論怎樣，期待與不安令你感覺到胯下變熱。腦中充滿妄想時，盼望已久的小姐捧著大量的手巾現身。「早啊。大哥，今天公司休假嗎？啊！大哥真帥……是我喜歡的類型喔」，小姐興高采烈地說著奉承話。剛才的忐忑不安頓時煙消雲散，盡情地和小姐辦事吧！首先彼此自我介紹。稱讚小姐的外貌氣氛會更熱烈喔。有的小姐會變成抱妹風格，或是要求深吻。因為時間

有限，這時不要扭扭捏捏，不必害羞，把身心都交給小姐吧。順著情勢發展被脫掉褲子和內褲，用手巾擦拭後，勃起的小●雞被小姐溫熱的嘴巴張口含住。這個時候，大多數小姐都是裸體，你也痛快地脫掉襯衫裸裎體吧（有些店家不准客人全裸，不妨先觀察周圍的情況再脫衣服）。

男服務員偶爾會來看看情況，不過這時已經完全屬於2人的世界。進入眼花撩亂的快樂世界吧！能以69式互舔彼此敏感的部位，也可以用你拿手的指技讓小姐高潮。最後是小姐的高速口交，你毫不客氣地在可愛小姐的嘴裡射出積了許久的白濁液。「哎呀～射出這麼多啊」，接著小姐把你射在嘴裡的精液吐到手巾上。

在此有個注意事項，被口交時，請別不知不覺地按住小姐的頭。小姐可能會噎到或窒息。另外小姐可能正值生理期，所以手指不能插入陰道。別讓小姐感到討厭。當然在半套店禁止性交行為。

結束後，小姐會拿手巾把小●雞擦乾淨。然後，小姐去收拾用過的手巾，這段時間先穿好衣服等待

吧。對著回來的小姐道謝，接著她把你帶到出口，在這裡道別。至此通常是30分鐘到40分鐘。小姐會給你名片，如果你中意這個女孩，下次就可以指名。也許服務會更加升級喔。

有的小姐為了提高指名率，會提供超過火的服務。當然性交行為是不被允許的。例如有不洗鳥鳥馬上舍。這原本是泡泡浴的玩法，上門的客人的小●雞連洗都沒洗就含了。太令人高興了。另外還有讓客人四肢著地，幫客人舔肛門。雖然相當丟臉，不過這種爽快感會令人上癮喔。有時小姐的長舌還會伸進屁眼裡。另外如果還在時間內，也能連續射精2、3發喔。

大約15年前，平塚有一間傳說的半套店。在這裡，客人要先全裸等待小姐。要是閒聊男服務員就會衝進來生氣地說：「這位客人，不要閒聊，請專心享樂！」想必小姐也很辛苦，不過那裡是生意興隆到得排隊的人氣名店。某位知名ＡＶ女優也是這裡出身喔。

另外在半套店，剛才也有寫道，遇見像是素人，或是沒在風俗店工作過的天真女孩的機率，比起其他風俗店是最高的。其中也有不少感覺像Ａ●Ｂ團體裡的可愛女孩，迷戀女孩經常光顧的客人也為數不少。店家方面嚴格管理小姐與客人在店外約會或是談戀愛。不要勉強約女孩出去，免得被店家禁止進入。雖然也有人和半套店小姐交往，反覆上門最後結婚的例子……

其他在半套店，還有主打「花瓣迴轉」的店家。這是在時間內有3到4位女孩替換的玩法，每位女孩的服務必然只會減少為5分鐘到10分鐘。客人之中有些強者能對所有女孩發射，這種玩法很適合快槍俠喔！

插畫:蒼井遊美

半套店和全套店差在哪裡?

半套店加上性交行為!想在淫蕩的氣氛中做愛

全套店是指在店鋪型半套店加上性交行為,正是所謂的違法風俗業。這是在酒店形式的長椅上,被女孩拿手巾擦拭雙手和胯下,並接受服務的制度。

在半套店通常結束時是透過口交射在小姐的嘴裡。

另一方面,全套店是小姐跨坐在客人身上,變成抱妹風格,或是在長椅上躺著以正常位插入結束。因為不是包廂,到處傳來其他小姐的喘息聲也是全套店的特色。小姐的年齡層比半套店大一些,大約30幾歲~40幾歲,雖說小姐水準也差一些,不過可以性交所以CP值很高。基本費用是1萬日圓。店裡有酒店形式,以及用簾子或夾板隔開的包廂風格。

至於流程是,首先在櫃台支付費用。透過照片從好幾位之中指名喜歡的小姐。走進配置了酒店長椅的昏暗店內,被店員帶到座位上。這時會收到指示,叫你只脫掉褲子等待,才能順暢地開始玩樂。

暫時得以窩囊的樣子等待小姐。現身的小姐是30歲出頭的女人。簡單對話後便開始口交。小姐宛如榨取般的真空口交使你立刻勃起。戴上保險套後,小姐便跨坐上來。小穴相當緊呢。然後小姐開始激烈地扭腰。最後讓小姐平躺在長椅上,以正常位結束……這樣總計時間約為30分鐘。射精後小姐會拿手巾幫你擦乾淨。

泡沫經濟時代東京都近郊有許多全套店。其中西川口特別有名,所謂的西川口流正是全套店的代名詞。最盛期有來自地方的觀光巴士到西川口玩樂,因而成為知名的尋歡地,可是後來遭到檢舉使得店家減少。不過現在東京都內、神奈川、埼玉、栃木某些地區仍有店鋪勉強延續經營……由於這些全套店並未大肆張揚,請從網路或風俗雜誌的資訊來尋找店家吧。

插畫：五十嵐電マ

缺乏風俗經驗的純真女孩

經驗相當貧乏的純潔女孩 欣賞她的反應正是精華！

無論在風俗店工作的女孩是怎樣的人，在業界出道都有過一段不久的純真時期。對於男性經驗尚淺，儘管床第技巧笨拙，這個部分卻十分純真可愛，因此有不少風俗愛好者都喜歡指名才剛入店的新人。

業界零經驗的女孩最初開始工作的地方，大多是和客人接觸較少，只有幫男性打手槍的打手槍俱樂部或護膚店，以及頂多提供口交服務的半套店等。

然而，這種輕度風俗店的單價較低，收入也不穩定，所以不久她們會改行到健康中心或應召站上班。到這個時候，她們對於看到或觸碰男性的裸體已經不會有抗拒感，而且技巧也進步了，不過開始習慣後反倒有些女孩學會混水摸魚。這正是優良風俗娘與地雷娘的分界。

順帶一提，風俗業界一整年都在招募女孩，尤其在因升學或就職使得生活環境改變的4月，或是暑假時期變得開放的8月前後，通常會有新人加入。

缺乏經驗的女孩警戒心很強，基本上防範嚴密，不過其中有些女孩禁不起強迫要求，碰到性交交涉會無法拒絕。另外假如女孩在風俗業出道前的素人時代有過援助交際的經驗，可能會主動提出是否要性交。

主要的在籍風俗類型

打手槍俱樂部／半套店／應召站
約會交友網站、交友咖啡廳

主要年齡層20～25歲

外貌 ★★★★
技巧 ★
淫亂度 ★★

性交率 50%

插畫：外山じごく

健康中心

 所需預算 **6,000日圓～12,000日圓**

玩樂時間 **30分鐘～50分鐘**

推薦度 ♥♥♥♥♡

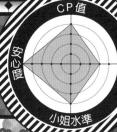

CP值 / 過火度 / 小姐水準 / 安心度

 健康中心

大幅降低上風俗店難度的輕鬆風俗店

雖然無法性交，卻可以輕鬆去玩，和年輕女孩互相接觸，用嘴巴或手愛撫直立的小●雞，健康中心作為可以射精的風俗店，在昭和末期誕生風靡一世。它也被稱為時髦健康中心。

而在關西方面誕生的不穿內褲咖啡廳正是先驅。

雖有各種說法，有人說創始於京都，有人說是在大阪阿倍野開始的，不過咖啡廳的女服務生穿著性感服裝開始接客成為話題，暴露程度逐步升級。上空、不穿內褲等越來越過火，最後設置包廂互相觸摸，變成幫忙打手槍的射精服務等，終於進化成時髦健康中心。這個時代正值泡沫經濟的前奏，由於放寬限制的風氣，而且業者辯稱「又沒有性交」，於是健康中心在街上不斷增加。

健康中心主要開設在鬧區的住商混合大樓內。稱不上寬敞的店內被細碎地隔開，設置了櫃台、等候

30

室、享樂室、淋浴間、以及女孩們的等候室等。因為空間狹小，有些店的享樂室只有1件小棉被。

上門的客人在櫃台聽取店家收費制度的說明，決定要玩的服務並挑選對象。其中有些店家女孩的等候室隔著魔術鏡（客人看得見女孩，女孩看不見客人的構造），能讓客人直接挑選，不過大多是翻閱有上班的女孩的大頭照相簿來決定對象。

宛如配合健康中心的風俗雜誌的爆炸性增加般，與所屬女孩們的風俗雜誌陸續創刊。讓雜誌版面增色的女孩，也是在這個時候開始被稱為「風俗偶像」。看了風俗雜誌，決定想玩的對象再前往健康中心的客人，使店家生意興隆。擁有人氣的風俗偶像，如果不在1週前預約就玩不到，這種情形也不少見。

至於令人在意的費用，一般來說30分鐘的基本服務大約6000日圓。不過，這個費用終究只是玩樂費用，實際上進了店裡，除了玩樂費用還有入會費（許多店家會在第1次消費時徵收）、指名費（預約決定女孩的情況叫做已指名，看過照片再要開始玩樂的費用。

決定則叫做照片指名）等，大部分情況下會另外收費。無論哪個女孩都好的人，沒有指名就不用付指名費，不過入會費一定要繳交，所以基本玩樂費用要想成會多花2～3000日圓。另外，玩樂費用會隨著玩樂時段而有不同，因此得留意。

決定女孩支付費用後被帶到等候室，接著等小姐做好準備。若是有人氣的女孩，可能還在跟其他客人享樂，因此等上30分鐘也並不少見。店員來叫你時就要跟小姐見面了。玩樂時間是從和女孩會合的那一刻便開始計算。

進入享樂室後一面互相問候一面脫掉衣服，然後走到淋浴間。不過，因為淋浴間的數量有限，通常淋浴也得排隊。這段等待時間也算在玩樂時間內，要是等了5分鐘就等於損失5分鐘。

女孩在淋浴間裡會幫你洗身體。雖然很想趕緊全裸開始調情，不過女孩仍穿著衣服或是內衣，幫你洗完身體後，接著換女孩淋浴，因此許多店家會叫客人先回到享樂室等待。女孩從淋浴間回來後終於要開始玩樂了。

至此的時間約為10分鐘到15分鐘。如果是30分鐘的服務，就只剩下15分鐘。這時客人躺在床上，女孩嘴對嘴親吻（其中有些店家不會這麼做）。然後開始舔全身。所謂舔全身，是指舔脖子、乳頭、肚臍周圍、胯下周圍（最初為了讓客人心急，不會碰到小●雞）、大腿等部位，最後進行口交的玩法。

健康中心創始期本來只有幫客人打手槍，不過中途變成替客人口交，最後還加入稱為體外性交的模擬性交做結束。所謂體外性交，是以前煙花巷的妓女生理期時，可以不用插入陰道內所創造出來的招式，將小●雞引導至胯下，用手指和大腿給予宛如插入般的刺激進而射精。這在健康中心有使用潤滑液，改編成現代的玩法。

從健康中心加入泡泡浴的墊子玩法，誕生了墊子健康中心。墊子玩法會在第58頁起的泡泡浴的絕頂技巧專欄中詳細說明，泡泡浴小姐在灌入空氣的墊子上與男性客人渾身沾滿滑溜溜的潤滑液，感覺非常舒服。為了體驗墊子的魅力，基本服務時間為40分鐘以上，費用也比一般的健康中心貴了3000日

圓，不過它正是值得花錢的玩法，各位一定要體驗一下。

席捲風俗界的健康中心，由於遍地開花，惱怒的警察、政府機構開始加強限制。各家健康中心有義務提出風俗營業登記，同時違反風俗營業取締法的店家會被檢舉。藉此除了以前有提出風俗營業登記的一部分健康中心，未登記營業的健康中心不得不關門大吉。這是2005年的情形。

位於歌舞伎町和池袋等隨時都能前往之處，能夠輕鬆遊玩的健康中心銳減，對日本風俗愛好者而言可說是一大損失。讓雜誌寫真增色，甚至上電視的風俗偶像風潮已經迎向終焉。也許風俗偶像是時代產生的虛幻花朵。然而，它降低上風俗店難度的功績，今後仍會繼續流傳下去吧！

插畫:蒼井遊美

遍布全日本，到處都玩得到、叫得到的風俗店基本型

應召站 旅館外送茶

無射精　親吻　幫忙打手槍　口交　體外性交　真槍實彈

¥ 所需預算	10,000日圓～20,000日圓
玩樂時間	40分鐘～120分鐘
推薦度	♥♥♥♥♡

應召站 旅館外送茶

像是點披薩外送般 將女孩外送到自己家

一通電話就能讓女孩來到自己家，享受用嘴巴和雙手讓你暢快的健康服務。這就是應召站（正式名稱為delivery health）。應召站把女孩宅配到家，所以不用踏出家門就能享樂。對懶惰的人而言是夢幻般的風俗店，不過和父母或兄弟姊妹住在一起的人大概很難利用，而且讓女孩看到骯髒的房間也不太好，既然要叫小姐就得打掃。關於這一點，叫到自己家裡實在是有點⋯⋯有不少人都這麼認為（像沒有淋浴設施的公寓，也沒辦法叫到家裡來）。另外，每間店能宅配的範圍是固定的，這點對於想叫到家裡的人也常常是個障礙。考慮到這些因素，許多應召站都會利用賓館。此外，還有宅配地點只限定旅館的旅館外送茶（正式名稱為hotel health）。雖然應召站也能宅配到自己家，不過基本上可以想成「這是在賓館享受健康玩樂內容和應召站相同。

服務的風俗店」。

應召站並沒有開設店鋪，想玩的話就透過風俗資訊雜誌或風俗資訊網站確認有哪些店。另外，來到鬧區之後如果要尋找附近可以玩的應召站，也可以利用風俗服務站。

應召站的店鋪類型實在五花八門。從年輕女孩專門店、還有熟女型、扮裝類、幻想俱樂部型、蒙眼睛玩法或按摩棒等自選服務非常豐富的店家。如果不事先決定想體驗哪種玩法，或許會感到困惑。依照玩樂內容價格也有區間。另外，利用旅館時還得花旅館費用。這個部分也得記住，否則錢不夠就沒辦法玩……這種情形也有可能發生，因此須注意。

決定想玩的店鋪後就打電話給店家（在風俗服務站服務站人員會幫你打電話）。應召站有只透過電話應對的店家，以及在高級公寓或住商混合大樓內有櫃台的類型（稱為店鋪櫃台型應召站）。另外還有男性客人獨自進入旅館，之後女孩才進來的類型；也有和女孩在外頭碰面會合後再一起進入旅館的類型。獨自先進入旅館會感到不安的人，最好選

擇可以在外頭碰面的類型，不過很遺憾的是，現在以獨自進入旅館的風格為主流。

接下來將繼續談論獨自進入旅館的類型。關於利用的旅館，考量到玩樂時間，一般是利用能以2～3小時為單位消費的賓館。有些賓館如果不是情侶就不能進去消費，因此可以向應召站的工作人員請教，哪些旅館可以單獨進入。有些應召站會和旅館費用算得比較便宜的旅館合作。另外，有些應召站可以利用使用費比旅館便宜的出租房間，因此不妨向店家的工作人員詢問看看。

進入房間後打電話給應召站，告知房間號碼。為了預防惡作劇的客人，應召站的人掛斷電話後有時會先經由旅館櫃台打電話過來，房間的電話響起後就接起來吧。

掛斷電話稍作等候，女孩就會來到房間。女孩進入房間後會立刻打電話聯絡店家：「我現在進房間了」，這時玩樂時間便開始計算。玩樂的流程隨著店家而有不同風格，不過基本上，一開始支付玩樂費用後會一起淋浴再移動到床上。進行店家規定的

健康服務後便會結束。然後再次淋浴女孩便會離開。

大致是這樣的流程。如果慢慢玩店家可能會打電話過來說：「剩下10分鐘喔」，分配進度可別弄錯了。

和員工就在附近的店鋪型店家不同，旅館是只有兩人的密室，你可能會忍不住想要拜託：「最後一步也一併來吧」，不過不能性交的應召站禁止這樣做。如果只央求一次，女孩會笑著說：「不行啦～」若是糾纏不休地強迫對方，女孩可能會中止服務掉頭走人，這一點得注意。如果對方反過來問你要不要性交……在考慮過被發現時的風險之後，請自己負起責任應變吧。

關於費用行情和玩樂時間，許多店家都準備了40分鐘1萬日圓以內的服務，但是無論是1小時內很快就射了，或是待了2小時，旅館費用都是一樣的。因為付了旅館費用玩樂，如果只選擇60分鐘以上的服務，建議您時間充裕地玩樂吧。時間夠久，女孩就不會急得沒辦法服務，可以慢慢花時間幫你服務。

許多店鋪型健康中心因為風俗法規定關門後，應

召站逐漸擴大勢力。目前在沒有性交的輕度風俗店之中是最充實的。雖然像以前那樣公開長相，身為風俗偶像出名的女孩變少了，不過驚為天人的可愛女孩也不少。對於享樂的客人來說，利用旅館有費用變貴的缺點，不過只要附近有能利用的賓館，在任何地方都能輕鬆營業，據說現在每座城鎮都有應召站，已經變成全日本區域性的存在。另外，應召站比起店鋪型不用擔心被認出來，不少沒有風俗界經歷的素人女孩都從這裡開始上班。想要遇見這種女孩，在陌生城鎮的應召站，和本來不會遇見的當地女孩玩樂。這種享樂方式也是應召站獨有的魅力。

插畫:蒼井遊美

性開放的黑辣妹

雖然看起來難以親近
其實是很外向的辣妹

1990年代中期誕生了稱為「小辣妹」的女孩時尚風格。顏色鮮豔的金髮與棕色頭髮、在曬黑沙龍曬出的褐色膚色、鬆垮滑落的泡泡襪、以及其中有些女孩進行援助交際，雖然話題轟動一時，但數量卻漸漸減少。然而，從那之後經過20年，如今黑辣妹在風俗界再度復活。

黑辣妹在籍的風俗類型，從打手槍俱樂部或護膚店等輕度風俗店，到健康中心、應召站、此外還有泡泡浴，類型相當廣泛，無論哪種玩法幾乎都能見到她們的身影。另外，基本上辣妹是宛如模特兒般的苗條體型，不過最近胖妹體型的巨乳辣妹也不少見。雖然看起來輕浮，不過對於保護自己身體的意識非常強烈，面對性交涉意外地嚴格。

對於內向的宅男而言是疏遠的對象，雖然有種難以親近的氛圍，但其實非常外向，很多女孩即使初次見面也很直率，所以算是很適合第一次上風俗店玩樂的男性。90年代的小辣妹風潮有著網路文化、俱樂部文化等背景，不過近年的辣妹也有很多擁有御宅族興趣的女孩，平常十分愛好動畫與遊戲。

主要的在籍風俗類型

應召站／護膚店／打手槍俱樂部
約會交友網站、交友咖啡廳

主要年齡層20〜25歲

外貌	★★★★
技巧	★★★
淫亂度	★★★

性交率 30%

插畫:外山じごく

第一次上賓館也不會苦惱的賓館投宿方式

適合情侶的奇特內裝
連外國觀光客也很愛!?

日本有稱為賓館的戀人天堂。室內的構造也很適合情侶，從童話風格到床鋪周圍圍上鏡子等經過精心設計，甚至還有床鋪本身會靜靜旋轉的旋轉床。

近年來，這種奇特的內裝獲得外國觀光客的好評，有些旅客甚至是抱著遊覽觀光景點的感覺來入住。

因為這些旅館很特殊，應該有人到目前為止都還沒住過。為避免令後投宿時手忙腳亂，將會介紹賓館的投宿方式。

賓館入口貼出休息（2小時至3小時）的住宿費用。如果沒有寫著所有房間均一價，標示的費用就

是最低房錢，因此請想成有些房間的費用會更高。

另外，投宿時能登記住宿的時間（晚上10點以後等）是固定的，所以比這個時間更早投宿的話無法進入房間。如果沒有空房間，那就去找別間賓館。踏進去後，會有顯示空房間的控制面板，從中挑選符合預算的房間，照著布告欄的指示按下按鈕。有的地方是這時會直接出現鑰匙，有的旅館則是按下按鈕後再到櫃台領鑰匙。

基本上是先付費。進入房間後在時間內都能舒適地度過。許多旅館都會準備保險套，不過要是沒有會很困擾，因此別忘了帶。時間一到，就要直接走出房間去櫃台還鑰匙。如果超過時間，就得支付追加費用再離開。

賓館基本上是給情侶使用的，不過有些旅館也能讓男性單獨使用，從應召站叫小姐來玩。有的旅館拒絕單獨進入，因此為了風俗店進賓館時，先向風俗店確認哪間旅館可以獨自進入再前往吧！

40

插畫：蒼井遊美

消除身體和胯下痠疼的放鬆風俗店

護膚店

| 無射精 | 親吻 | 幫忙打手槍 | 口交 | 體外性交 | 真槍實彈 |

CP值

過火度

安心度

小姐水準

￥ 所需預算 10,000日圓～20,000日圓

玩樂時間 60分鐘～120分鐘

推薦度 ♥♥♡♡♡

護膚店

藉由按摩促進勃起
讓青春時代的射精感復甦

1990年代，亞洲護膚店作為風俗店的全新潮流興起。據說起源是韓國護膚店。使用好幾條熱毛巾，溫熱身體後按摩（擦澡）和幫忙打手槍的射精服務大受歡迎。目的並非只有射精，重點也擺在按摩的服務，尤其主要在中高年齡層男性之間大受好評，甚至出現了中國護膚店、台灣護膚店等亞洲各國的護膚店，護膚店熱潮席捲了全日本。

各式各樣的護膚店林立，由於上班的女孩是外國人，所以費用便宜，後來展開玩樂費用的傾銷戰，結果比起其他風俗店感覺比較便宜的亞洲護膚店開始受到矚目。另一方面，亞洲護膚店熱潮的先驅韓國護膚店陸續傳出歇業的店家。而中國護膚店取而代之興起。經營約會俱樂部的韓國護膚店接連轉變為中國護膚店，隸屬約會俱樂部的中國女性開始接客。在約會俱樂部從事性交工作的她們，在徙有其

42

名的護膚店暗中進行性交易，亞洲護膚店漸漸地違法化。

「大哥，需要馬殺雞嗎？我們店裡有可愛的女孩喔。可以服務到最後喔。」

在鬧區與大馬路的暗處，你是否曾有被中國大姊這樣搭訕的經驗呢？

另一方面稱為男性護膚，重視護膚店原本的放鬆效果的全新護膚店誕生了。從古代中國傳來的回春護膚，透過按摩刺激增強精力的穴道或淋巴，目的是增強男性生殖器功能和恢復精力。香氛護膚是藉由從各種植物提煉的精油（essential oil）的薰香效果，調整身心平衡，有效提高生殖機能。發源於沖繩的洗體護膚，是由身穿泳衣的年輕女孩讓客人的身體沾滿泡沫一邊清洗一邊按摩。特色是身體緊貼，像泡泡浴的泡泡舞般磨蹭身體、洗身體等色情的服務。在風俗類型的店，這些服務會再加上女孩用手的射精服務。

護膚店的名稱也有診所、治療院、美療等各種名稱，藉此施術（按摩）的女孩服裝也不同。例如，

想像診所等醫療型的店家是身穿白衣；施行芳香療法的放鬆類店家則是肌膚露出較多的性感短上衣；洗體護膚或使用潤滑液身體緊貼進行按摩則是穿著泳衣。

風俗護膚店的費用隨著玩樂時間與服務內容而有不同，不過標準是60分鐘1萬日圓左右。加入激烈玩法的店家和以按摩為主的輕柔型店家，營業型態都從店鋪型轉換成外送型，所以和應召站同樣得另外加上旅館費用，稍微貴一點也是沒辦法的事。

接下來，將會說明一般的外送型風俗護膚店的玩法。首先得搜尋店家。不只鬧區，餐飲街、商業街都經常看到護膚店的招牌。若是店鋪型，有時光靠招牌很難辨認是否為風俗店。假如店頭有皮條客，直截了當詢問是否有射精服務是最快的方法，請做好心理準備。

如果想事先調查是怎樣的店，利用網路的風俗網站搜尋比較保險。確認玩樂場所、玩樂內容、費用制度、特典服務等，找到喜歡的店家後就直接打電

話聯絡。假如告知「我是在網路上看到的」，有些店家還會打折，會有不少好處。

打電話告知想要玩樂的日期、場所、服務、有無指名等。然後店家會告訴你，到達最近的車站後就玩樂時間前再度聯絡他們，這時確認可以玩樂的旅館並且到櫃台報到（有的店你得先前往有櫃台的事務所，支付費用後和女孩碰頭再一起到櫃台報到）。進入房間後打電話給店家，告知旅館的房間號碼。接著幾分鐘後女孩就會到達房間。女孩打電話回店裡說已經在櫃台報到了，這時便開始計算玩樂時間。

把訂金先付給女孩後，便會依照預約的服務流程開始玩樂，之後只要依照女孩的指示把身體交給她就沒問題了。

首先是睡在女孩膝上的臉部按摩。然後客人全裸，由換上泳衣的女孩開始正式的按摩。會使用潤滑油或粉末，不只用手揉搓，還會身體緊貼揉開全身的痠痛處。對臀部與睾丸周圍仔細地刺激或藉由前列腺按摩讓小●雞脹痛。能體驗到最棒的勃起

感。最後女孩會斟酌時機，用手幫客人確實地打出來。

順帶一提，觸碰女孩或全裸進行服務，在某些店家可能是自選服務，請在事前確認。此外若有想要的自選服務就追加吧。因為是護膚店，基於衛生上的考量，基本上不會用嘴巴服務。

因為快感顫抖大量射出後，在浴室裡女孩會幫你清洗身體。之後在說好的玩樂時間內整理服裝儀容讓女孩回去，或是一起退房離開吧。

雖是完全被動的護膚店，但是有些店可以對女孩施行色色的按摩，進行逆護膚的服務。

插畫:ねぎねぎ納豆

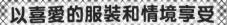

以喜愛的服裝和情境享受

幻想俱樂部

無射精　親吻　幫忙打手槍　口交　體外性交　真槍實彈

CP值
過火度
小姐水準
安心度

幻想俱樂部

 所需預算　**10,000日圓～20,000日圓**

 玩樂時間　**40分鐘～120分鐘**

推薦度　♥♥♥♥♥

還能帶來動畫的服裝換上後玩樂

所謂「幻想俱樂部」就是「image club」，是按照特定服裝與情境享受玩法的風俗店。例如，和穿著水手服的女孩來場情侶放學後的親熱行為；變成主管在辦公室裡對ＯＬ性騷擾；和隔壁太太的強占人妻不倫玩法；以及在現實社會難以實現的電車上的癡漢行為；和親妹妹的近親相姦玩法；此外被捉住的女騎士和半獸人的異種族間玩法等，從現實的情境到意想不到的設定，任何情境都能模擬體驗，正是幻想俱樂部最大的魅力。

雖然幻想俱樂部是風俗店的一種類型，不過撇除「玩遊戲」的特色，基本的服務內容其實和健康中心或應召站相同。結束時有幫忙打手槍、口交、體外性交等。當然性交行為是被禁止的。以前以開設店鋪的幻想俱樂部為主，像是享樂室內擺放黑板與課桌，重現教室的校園幻想俱樂部；天花板懸掛

吊環，ＢＧＭ播放著電車喀噠咕咚的震動聲的癡漢幻想俱樂部等，有許多非常縝密用心的店家。但是近年來店鋪型風俗店減少，受到應召站變成主流的影響，幻想俱樂部的主流也變成採用旅館外送的制度。關於實際玩樂時的計劃，也和應召站相同。從賓館打電話給店家然後等女孩到達，或者前往櫃台，在那裡支付費用。在店家的網頁會刊出可使用的服裝一覽，先決定想指名的女孩，以及喜歡的服裝吧。玩樂費用和應召站差不多，服裝也包含在玩樂費用裡頭，不過有些店家的免費服裝非常單薄廉價，挑選好一點的服裝時得追加費用，或者得去店裡消費一定次數以上，變成常客會員才能挑選特別服裝。最近的服裝做得相當精緻用心，也花了不少錢製作，要是不小心弄髒損壞可就麻煩了。

玩樂的重點如同前述，雖是依照情境模擬體驗，但是得先和女孩商量想要怎麼玩，並決定內容。雖然大略地說「想要被強勢的女孩折磨」或是「想要欺負害羞的女孩」這樣也能對應，不過既然機會難得，就發揮講究之處吧。客人之中也有帶來推敲許

久的腳本，依照流程玩樂的強者，通常要求只要別太過分，女孩都會聽從。當然不能有暴力行為，請在常識範圍內和女孩決定玩樂內容吧！

卻說，以前提到幻想俱樂部，固有服裝是水手服、學校泳衣、ＯＬ套裝、護士服、空服員制服、服務生制服或旗袍等，不過最近由於性癖好多樣化，所以準備了各式各樣的服裝。像Ａ●Ｂ的偶像服裝、鄉村風的農村勞動褲、戰隊英雄的全身緊身衣、蘿莉風格的幼兒園衣服，此外還有眼鏡、圍巾、貓耳等小東西……搭配組合後，大概都能回應男性心中的需求。當然每間店擅長的類型不同，如果你明確地希望「無論如何也想和穿著這種服裝的女孩，在這種情境下玩樂！」那就必須找到這種店。

幻想俱樂部多半可以讓客人用帶來的服裝玩樂。如果沒有半家店有你想要的服裝，在打電話給店家時就和工作人員商量能否帶過去。服裝可以在唐●詞德這種廉價商店、角色扮演商店、購物網站購買。

然後另一個潮流，動畫與遊戲的角色扮演變得充實也是幻想俱樂部最近的特色。從《K-ON！輕音部》、《魔法少女小圓》、《Love Live!》、《艦隊收藏》等超主流的作品，到大叔世代非常懷念的《福星小子》、《鋼彈》、《美少女戰士》，甚至連令人納悶「到底誰會喜歡？」的狂熱作品都有準備的店家也變多了。幻想俱樂部在籍的女孩有很多御宅族，也有自己帶服裝來的現役角色扮演者。近來擁有御宅族興趣的女性增加，以在女僕咖啡廳工作般的感覺，開始在酒館或風俗店工作的女性增加了。對她們來說動畫類的幻想俱樂部正是天職。而對客人而言，不用說明「穿這種服裝的女孩是這種性格……」也是令人高興的一點。但是，如果和尊重原作的女孩一起玩，樂趣就會格外提升。若是動畫類幻想俱樂部，網頁上的女孩簡介欄多半會寫上喜歡的動畫或遊戲，事先確認才能順暢地討論。其中也有和幻想俱樂部的小姐聊聊動畫就感到滿足，沒有享樂就這樣回去的男性，不過這種情形應該去更便宜的女僕咖啡廳或御宅族酒店。

雖然有些離題，不過動畫酒店和動畫類幻想俱樂部一年約有2個時期，女孩的出勤率會極度低落。她們不用說就知道是Comic Market舉辦的時期呢。她們會用在風俗店上班賺來的資金去買看上的同人誌，或是去展現自豪的角色扮演模樣，不過反過來從地方來參加Comic Market，順便想在東京的幻想俱樂部玩一下時則要注意。

雖然沒有非法的性交服務，不過在結束前的制度已充分確立，對宅男來說對象是具有親近感的扮裝女孩，因此適合當成最初去玩的風俗店。

插畫:蒼井遊美

喜歡動畫的御宅女

在動畫類幻想俱樂部發揮本領！
很多悶騷女孩的御宅族小姐

「喜歡動畫、遊戲和偶像」的女孩現在一點也不罕見。在風俗界也一樣，擁有相當深入的御宅族興趣的女孩為數眾多。確認有最多御宅女的地方，還是工作上興趣與實際利益能兼顧的店。幻想俱樂部小姐之中也有許多現役角色扮演者，不只角色扮演，且是動畫類角色扮演非常豐富的店。幻想俱樂部小姐之中也有許多現役角色扮演者，不只角色扮演，

正如各位所知，她們為了收集商品或地方遠征等御宅族興趣而出手闊綽。

御宅女妄想力豐富，很多都是悶騷型，對於扮演角色也不會抗拒，所以特別擅長想像玩法。另外，每天自慰使得肉體的敏感度也提高了，對於性愛也熱心研究，雖然無可挑剔，不過容貌等級差別很大，好壞天差地遠也是特色之一。此外，因為容易

精神不健康，所以對待時必須注意。

雖然有些人離題，不過在女僕咖啡廳工作的女孩之中，常常有些人的副業是到風俗店上班，或是離開女僕咖啡廳的女孩轉行到風俗店當成本業。其實女僕咖啡廳的經營者之中，也有人同樣經營酒店或應召站，他們也常讓女孩轉行到那種店上班。

主要的在籍風俗類型

健康中心／應召站／幻想俱樂部
性感酒店／泡泡浴

主要年齡層20～30歲

外貌	★★★
技巧	★★★★
淫亂度	★★★★

性交率 60%

讓想像玩法更加充實的㊙重點

準備依照玩樂內容的表面設定和作為背景的背面設定

幻想俱樂部現在成了校園、職業類制服和動畫等扮裝玩法的代名詞，在全日本博得極大的人氣。然而，原本幻想俱樂部的發源是以「夜襲」或「癡漢」等性行為為主。偷偷地享受社會上不被允許的行為，本來是以這種玩法為前提，現在卻形成強調服裝與情境的輕度風俗店。然而聽到想像玩法，不少人抱持著「感覺很麻煩」的印象。因此在這裡將要傳授充分享受幻想俱樂部的重點。

首先是抱持明確妄想的男性。例如若是有「想讓同事美女ＯＬ服務自己」這樣明確的需求，就應該

製作完整的劇本，創造一個完全屬於自己的世界。這時重點是「作為對象的女孩也要沉浸於想像的世界裡玩樂」。為此，除了實際上與玩法有關的表面上的劇本，也要讓對方知道自己為何沉迷於這種玩法，也就是需要背景劇本。在此舉出具體例子來說明。

首先是「表面上的劇本」，這就是一般幻想俱樂部所說的「腳本」或「設定」。向初次見面的人準確地傳達自己的慾望其實很困難。因此一開始要制定計劃。尤其重點是「女孩扮演的性格設定」與「有無穿著衣服」。希望對方變成癡女積極使勁地折磨你；還是不情不願卻又希望被你繼續折磨；或者本來說不要不要，中途卻對性愛覺醒；或是希望女孩完全變得被動。此外語調是很有禮貌？要盡量發出詳細的指示。還是直率對等的說話方式？要脫掉襪子或眼鏡等一部分？

另一方面男性也最好詳細設定要脫到何種程度。

你可能會覺得很麻煩，不過這樣一來玩樂時的投入

度就會不一樣，所以要仔細地商量。有些男性會讓女孩記住住詳細的台詞對話，不過按照對方的記憶力和演技有時候很困難，所以只要決定大略的故事線就行了。

然後，接下來重點是「背景劇本」。先前所述的表面上的劇本完成的緣由「發展過程」，先在自己腦中創造，並且告訴女孩，玩法便會充滿感情。例如想要凌辱OL。這時只有告知「我想虐待OL」，就只會是差一點的表面玩法。「其實我想加入插曲時，和『今年春天進公司的新人OL，和以前甩了我的戀人長得很像，我很想把她當成替身抱抱她」，這樣的插曲會使玩樂內容出現微妙的變化。配合自己的玩法喜好製作劇本，風俗娘的玩樂態度就會截然不同。當然背景劇本就算是假的也沒關係。

相反地「完全沒有妄想，就只是喜歡那些服裝」，這樣單純的人也有。這種人不適合在幻想俱樂部玩嗎？答案是ＮＯ。幻想俱樂部的好處在於

「不只玩樂內容，還能要求各種設定的玩法」這一點。以女孩被客人命令為前提，換言之就像是等待指示的狗。如果自己沒有特別的妄想，不要害羞，全力滿足自己想要的玩法吧！例如不斷地用手指持續玩弄陰道、讓小姐一直口交、欣賞女孩自慰、不斷地以顏面騎乘持續被踐踏等等。這在泡泡浴或健康中心也是可以要求的玩法。不過，在幻想俱樂部工作的女孩覺得：「像健康服務那樣積極進攻很麻煩」、「雖然不能攻，但可以受」，由於特色是聚集了Ｍ氣質的女孩，比起其他風俗店接受要求的機率很高。想像玩法中男性是主角，反之除了店家提供的服務以外若有想要的玩法，小姐就得準備回應要求。所以，例如在夜襲ＯＬ的店，不玩夜襲，一直讓小姐口交也行。不是滿足男人的制服慾，而是征服慾，這才是幻想俱樂部原本的樣貌。不必完全依照故事來玩。

日本風俗界向全世界誇耀的風俗之王

泡泡浴

 無射精 親吻 幫忙打手槍 口交 體外性交 真槍實彈

 所需預算 **10,000日圓～100,000日圓**

玩樂時間 **40分鐘～120分鐘**

 推薦度 ♥♥♥♥♥

CP值

過火度

小姐水準

安心度

泡泡浴

能體驗到熟練的技巧
安心安全的泡泡浴

泡泡浴在許多的日本風俗店之中被稱為風俗之王。和學會優異性技巧與接客技巧的泡泡浴小姐（泡泡浴如此稱呼女性接待員）一起洗澡，在限制時間內進行各種服務。結束時當然是真槍實彈。男性客人把身體交給美麗的泡泡浴小姐，能體驗到宛如國王的心情。

那麼在此將依照流程說明泡泡浴的玩法。為了玩樂，首先得前往泡泡浴，不過泡泡浴在行政機關被稱為「特殊浴場」，對於開店嚴格限制了設置場所。因此，若不去俗稱的泡泡浴街等特定場所就玩不到。像是札幌薄野、東京吉原、川崎堀之內、千葉榮町、岐阜金津園、滋賀雄琴、神戶福原等非常有名。並且也散布在其他地方都市，在首都圈池袋、新宿等地也有。先在網路上確認附近哪邊有泡泡浴街吧！

54

決定要去玩的泡泡浴街之後，雖然可以直接前往店家玩樂，不過也能事先透過風俗資訊雜誌或店家網站確認泡泡浴小姐的容貌，先打電話預約再去玩。預約之後店家會派車到最近的車站來迎接你，因此到吉原等離車站有一段距離的泡泡浴街玩樂時十分便利。

去泡泡浴街玩樂時，進去前先在店家入口確認貼出的費用表。上頭寫著「入浴費○○日圓」或「總額○○日圓」。以總額標示時，雖然能用寫出的價格遊玩，不過要是有寫入浴費，另外還需要直接付給泡泡浴小姐的服務費。也許你覺得這樣會搞不清楚，沒有以總額標示其實這個難懂的費用制度，隱藏了可以性交的泡泡浴特有的原因。

日本法律禁止店家僱用女性進行性交易的「組織賣淫」。不過，成年男女在同意下透過金錢性交並未觸犯法律，所以店家可以聲稱：「我們只向客人收取入浴費。」因此並沒有違法。那些都是個人行為，與泡泡浴小姐之間當然會產生服務費。因為這種情形，泡泡浴的

費用得同時收取入浴費和服務費。這時服務費的價格令人在意。關於這點，走進店裡詢問櫃台人員：「服務費多少錢？」他就會悄悄地附耳告知，所以請放心。打電話預約時，就透過電話詢問吧。至於標準，假如入浴費是1萬日圓，服務費大概會是2萬日圓。向店員確認後若是超出預算，也可以直接打道回府。

同意費用後在入口的櫃台支付入浴費。事先預約已經挑好泡泡浴小姐的人，這時就告知櫃台：「我是山田，在下午5點的時段預約了美紀小姐。」名字是假的也沒關係。自由入場的人會在接待員的帶領下前往接待室，翻閱放有泡泡浴小姐照片的相簿決定對象。在泡泡浴小姐出現前得花一點時間，這時一邊喝著免費的飲料一邊等待。

泡泡浴小姐準備好之後店員會來迎接你，終於要和泡泡浴小姐見面了。接著由泡泡浴小姐帶路前往享樂室。途中小姐會問你：「要上廁所嗎？」雖然進入包廂後還是能去上廁所，可是會浪費玩樂時間，所以先在這時上完廁所吧。

進入包廂後泡泡浴小姐會再次打招呼，問你「要喝點什麼嗎？」這時就點一杯飲料。然後，泡泡浴小姐會幫你脫掉衣服，開始準備浴缸，浴缸裡放滿熱水後便開始玩樂。

一開始是坐在色鬼椅，這種會讓屁股打開的椅子上，讓小姐幫你洗身體。從這時泡泡浴小姐就會刺激小●雞，讓你情緒高昂。洗完身體後和泡泡浴小姐一起泡在浴缸裡。這時有些店家會進行稱為潛望鏡的服務，就是讓你的身體浮起，並由小姐含住從水面露出的小●雞。

身體暖和後便開始墊子玩法。在清洗處準備的墊子上倒上大量的潤滑液，身體滑溜溜地接受泡泡浴小姐的洗身體服務。如果是能大戰2場（射精2次）的店家，在洗身體的最後就是第一次結合。墊子上非常滑，請在泡泡浴小姐的主導下享受吧！結束後會沖掉潤滑液，擦乾身體移動到床上。休息片刻後，泡泡浴小姐開始舔全身的服務，幫你口交直挺挺地勃起後便合為一體。結束後稍作休息，穿上衣服，最後支付服務費，在泡泡浴小姐的目送下離

開。

這就是基本的泡泡浴流程。

關於令人在意的玩樂費用，泡泡浴分成大約1萬日圓的超便宜店、2萬～3萬日圓的大眾店、超過5萬日圓的高級店這3種。超便宜店的玩樂時間在1小時以內、大眾店為70～90分鐘、高級店則超過2小時，而服務內容的豐富程度也與費用成比例。

在此介紹的玩法流程，很多在超便宜店會被省略，明明去玩的時候很期待潛望鏡與墊子玩法，結果都沒有也並不罕見。「泡泡浴的服務只有這點程度嗎!?」如果不想大失所望，建議您去總額3萬日圓以上的店。若是5萬日圓以上的高級店，可以獲得這裡並未提及，更加厲害的服務喔！

56

插畫：nあく

歷史悠久的
泡泡浴產生的
絕頂技巧

即即、肉壺清洗、色鬼椅、NN
這些究竟是怎樣的玩法？

號稱風俗之王的泡泡浴，到目前為止創造出許多影響風俗界的技巧與玩法風格。墊子健康中心是將發源於泡泡浴的墊子玩法直接帶到健康中心，伴侶混浴從浴缸水面露出小●雞口交的潛望鏡玩法，創始者也是泡泡浴。泡泡浴是讓風俗業更加淫穢舒服的先驅。

★不洗鳥鳥馬上含（即尺）、當場做愛（即ハメ）／始於川崎堀之內的超高級泡泡浴，後來傳遍全日本的玩法。將客人迎入包廂後，在洗澡前當場直接含住髒髒的小●雞，這就是不洗鳥鳥馬上含。然後插入勃起的小●雞性交就是當場做愛。兩者合稱「即即」。

★椅子清洗／男性客人坐在有U字凹陷的色鬼椅上，身上沾滿潤滑液或肥皂的泡泡浴小姐，用全身緊貼幫客人洗身體的玩法。

★肉壺清洗／經常在椅子清洗時進行。男性客人把手指頭一根一根放進陰道裡的玩法。

★鑽底椅清洗／泡泡浴小姐的頭擺在色鬼椅的正下方，用舌尖不斷地舔小●雞、蛋蛋、肛門的玩法。

★墊子玩法／在充氣的墊子上倒潤滑液，男性客人和泡泡浴小姐一起變得滑不溜丟進行洗身體。男性客人維持躺臥在墊子上的姿勢，泡泡浴小姐在客人身上利用滑溜溜的潤滑液，身體緊貼上下滑動。這是非常重視泡泡浴小姐技巧的知名玩法，若是高級店的技巧，小姐的手指片刻不離小●雞，最後能體驗到從口交到結合的快樂風暴。

★不戴套性交內射／5萬日圓等級的泡泡浴，因為小姐有服用避孕藥，所以當然可以無套體內射精。有時也簡稱為「NN」。

插畫:五十嵐電マ

成熟穩重的人妻熟女

從合法風俗店到違法風俗店在籍眾多！現在仍持續升溫的人妻熟女熱潮

從1990年代後半到2000年掀起了人妻、熟女的一大熱潮。原本起因是色情書刊和AV業界開始起用演出費低的熟女模特兒，不過如今在風俗界也已成為中心人物。第一次上風俗店的男性都「想要和年輕可愛的女孩做愛」，於是挑選有許多這種女孩的店。不過，和幾名女孩玩過後，不久就發覺：「雖然外表不錯可是很無趣」、「年輕女孩大多服務很差」。這時經驗豐富的熟女就開始受到注意。

熟女之中若是已婚女性，能體驗到模擬不倫玩法這點非常實際。然而實際上，該名女性是否真的已經結婚也無從確認，「家人知道妳在風俗店上班嗎？」你也不能追問私人的問題。雖然或許只是一個設定，不過別觸及這點是在風俗店玩樂時的禮儀。

然而，無論如何也想和真正的人妻風俗娘玩樂時，就請注意「上班時間只有丈夫不在的白天」、「在網頁上沒有露臉」這幾點。大致上光明正大地露出自己的臉，無論早晚都待在風俗店的女性，感覺不像已經結婚了吧？（笑）

主要的在籍風俗類型

應召站／護膚店／泡泡浴
SM俱樂部／鬆一下／站壁的

主要年齡層30～40歲

外貌	★★★
技巧	★★★★★
淫亂度	★★★★★

性交率 70%

60

插畫:有一九

性感酒店

性感酒店

所需預算　4,000日圓～10,000日圓

玩樂時間　30分鐘～50分鐘

推薦度　♥♥♡♡♡

在休息時間野性解放 對小姐的胸部揉到爽！

所謂性感酒店就是「Sexy Cabaret Club」，另外還有巨乳酒吧、性感酒吧、精力酒吧等稱呼。相對於普通酒店不能觸碰酒店小姐，這種店可以觸摸。換言之所謂的性感酒店，就是能觸摸酒店小姐胸部的酒店。

行業類型並非風俗店，而是屬於酒店的範疇，如果不論後述的「射精酒店」，在店裡是不能接受小姐的射精服務的。與坐在膝上面對面，上半身赤裸的酒店小姐享受深吻，或是對胸部又舔又摸，就是一般性感酒店的服務內容。

順帶一提，在風營法上也和酒店同樣處理，所以營業時間規定只能到深夜1點。關於節數費，1節60分鐘的酒店和1節40分鐘～50分鐘的性感酒店差不多。比較貴的是摸奶費。另外，有些店在觸摸時必須給小姐小費，因此請透過店家網站確認，或是

直接詢問店家，請在事前仔細確認費用制度。

然而假設在性感酒店玩了和普通酒店一樣久的時間，在性感酒店未必得支付較高的費用。因為像是酒店，小姐會半強迫地要求客人請客：「我可以點水果拼盤嗎？」在性感酒店則不太會被小姐要求東西。

小姐年齡層和酒店相同，以20歲出頭到25歲為主，能見到許多比酒店小姐更溫順的女性。這是因為「雖然對於在風俗店工作有抗拒感，可是要像普通的酒店小姐那樣藉由對話炒熱氣氛或是推銷，實在是不在行」，這樣的女孩傾向於選擇性感酒店小姐的工作。正因如此，偶爾會有就連在一流酒店也很少見到的特別可愛的性感酒店小姐。嗯，像這種情況，雖然對話氣氛不會太熱烈，但是比起和敲竹槓的酒店小姐一起度過，感覺更划算1000倍。

卻說，在性感酒店玩樂時，除了費用制度以外還有必須事前確認的事。那就是店家的規定。各家性感酒店的禁止事項不太一樣，所以在第一次光顧的

店，必須確實掌握哪些事能不能做。尤其關於小姐的下半身，當然禁止手指插入，有不少店家光是隔著內褲輕輕觸摸也不行。別不小心觸摸到，做出被小姐討厭的舉動。

於是，「歡迎光臨！」身穿黑衣的工作人員迎接你進入店內，在聽取費用制度與服務內容的說明，並確認禁止事項後，終於被帶到位子上和小姐見面。然而如同前述，性感酒店小姐很多不善於對話，場面不熱烈也並非罕見的事。「晚安，我是小愛～」打過招呼後，很快就陷入沉默。當然，這時候不必勉強炒熱氣氛。即使聊得不熱烈，胸部也不會逃走。不過，就算對方是非常穩靜的小姐，自己也要盡量積極地攀談，努力讓氣氛稍微熱鬧一點。

性感酒店很多禁止帶出場，雖說不太需要像普通酒店那樣討好小姐，即便如此「對於一起度過快樂時光的客人，想給予好一點的服務」畢竟是人之常情。

然後，飲酒作樂過了一會兒後，等得不耐煩的「休息時間」到來了。有時也稱為精力時間或節目

時間，通常1節之中有5分鐘到10分鐘的這段時間，可以觸摸性感酒店小姐。以店裡的照明變暗為暗號，小姐跨坐在你膝上，突然主動地來個深吻，或是把胸部壓過來，你可以盡情地交纏舌吻，或是把頭埋在乳房裡，或者用舌頭來回舔乳頭。也可以嘴對嘴喝酒。

但是，雖然可以解放野性，不過如同前述，可別忘了店裡的規定。要是太過興奮，不由得把手伸向下半身，很有可能觸怒小姐，這絕非罕見的事例。

雖然有些小姐為了獲得指名會讓客人觸碰下半身，但那是例外中的例外。此外讓小姐摸自己小●雞的行為，縱使隔著褲子，大部分的店家同樣禁止。嗯，有些情況是小姐基於服務會稍微摸一下，不過至少應該避免主動要求。總之，最好有分寸地享受乳房。

此外，有些店家並未設定明確的休息時間。這種時候，小姐會問：「可以坐到你腿上嗎？」這就是休息時間開始的暗號。此外有些店還有可以一直摸的「全程休息」，這種情況從一開始到最後都可以

一邊揉搓胸部一邊喝酒。沒錯，就是極樂天堂呢。

但是，如果一直吸乳房，對小姐身體的負擔也相當大。享受時最好適度地休息。

並且，有些性感酒店與客人交涉後，會提供本來沒有的射精服務。那就是稱為射精酒店的性感酒店。藉由支付追加費用，移動到包廂後，性感酒店小姐會幫你打手槍或口交，甚至能享受性交服務。

當然，這種射精酒店大多未得到風俗營業的許可。隨時都有可能遭到檢舉，這點也要理解。

插畫：蒼井遊美

風俗街的玩法

迴避風險開心玩樂的風俗資訊收集術！

事前調查不要偷懶就不用在風俗店付出昂貴的學費

想要玩從未體驗過的事物時都要事前調查，同樣地，上風俗店也要預先調查收集資訊，這樣不僅能開心玩樂，還能迴避危險。

沒有任何預備知識與資訊就前往風俗街，在好奇的店家或皮條客的誘惑下踏進店裡……雖說這也是上風俗店的精華，不過要是出現嚇死人的小姐或碰到敲竹槓等，的確也是極大的風險。如果你想享受這種刺激感倒是另當別論，不過為了避免吃苦頭，事前收集資訊非常重要。

有效率的風俗店資訊收集手段是：①網路上的風俗資訊網站；②風俗資訊專業雜誌；③免費風俗情報站，能舉出這3種。

①的話如果有電腦或智慧型手機，不只全日本各地的店鋪資訊，也能迅速取得網路限定的折扣特典等優惠資訊。另外，透過口碑網站也能查到店家的評價等，可以獲得各種資訊。

調查店家時，入口網站整理了各種資訊，非常方便。玩樂區域、風俗類型、預算、女孩類型等，如果用希望的條件縮小範圍搜尋，就能從無窮無盡的資訊中一次彈出店家列表。另外，還有以排行榜形式介紹人氣名店與風俗娘，或是限時服務、開幕紀念服務等，充滿了挑選店家時能參考的資訊與好康資訊。

決定候補名單後，也跳到店家原始的網站，進行最終確認吧！

②是貼近當地型的風俗資訊專業雜誌。在代表各都道府縣的鬧區，有散發免費報紙或販售資訊雜誌，介紹區域限定的夜生活資訊。雖然網路搜尋在縮小範圍尋找自己喜歡的店家時很方便，不過資訊雜誌

66

あいか
(21)
B90 w56
H88
請多指教喲

插畫：五十嵐電マ

在翻頁時就會看到各種風俗資訊，所以有可能碰上全新發現。

另外，不只店家的介紹，像是玩樂的經驗等，能獲得有用處的資訊也是資訊雜誌獨有的特色。最重要的一點是，女孩露臉的照片比網路還要多，能看著特別漂亮的照片挑選也是優點。

如果同時利用資訊雜誌與網路搜尋，就能取得更詳細的資訊。

③是位於鬧區的免費情報站，會為遊客介紹大人的玩樂場所。附近有哪些店？可以到哪裡玩？可以前去諮詢這些問題，請他們介紹符合預算的店。免費情報站的制度是，透過介紹合作的店家，店家會支付介紹費給情報站，所以利用情報站時不用花任何費用。

不過，去了介紹的店家一看，有時會被追加索討指引費或介紹費，有些惡劣的情報站會和店家勾結。雖然免費可以輕鬆利用，但另一方面也有這種惡劣的情報站，因此必須注意。請他們介紹店家時，要向情報站工作人員仔細確認有無追加費用。

情報站優劣與否很難分辨。雖說當地公會經營的情報站就能放心，此外還有一個判斷基準，面向大馬路，開張許久的地方比較能放心。

在風俗資訊較少的時代，得去問計程車司機或當地的酒館或旅館，有時得付出昂貴的學費，嘗盡苦頭。不過，現在既然有這麼便利的資訊收集手段，沒道理不去利用。也許還是會留下痛苦的回憶，但應該能把風險控制在最小限度。

最後，風俗街也有像鬧區一樣，餐飲店和風俗店混雜在一起的地方，也有泡泡浴十分密集的大街。像鬆一下或全套店鱗次櫛比的大街等，從刊登在網路或資訊雜誌上面的店，到並未刊出的店，包含地下風俗店、玩法制度和街上氛圍各不相同。

雖說最近拉皮條客銷聲匿跡了，但並不代表惡劣的皮條客銷行為的限制變得嚴格，所以千萬不要被花言巧語所騙，傻傻地跟著走。

踏進更深奧的世界 禁忌的狂熱風俗店

- ●M性感 ●人妖健康中心
- ●SM俱樂部（女王）
- ●SM俱樂部（M女）
- ●濫交酒吧

除了肛門酷刑以外，獨特的變態玩法一個接一個！

M性感

無
射精
｜
親吻
｜
幫忙
打手槍
｜
口交
｜
體外
性交
｜
真槍
實彈

所需預算	**12,000日圓～15,000日圓**
玩樂時間	**45分鐘～60分鐘**
推薦度	♥♥♡♡♡

CP值 / 過火度 / 小姐水準 / 安心度

M
性
感

指名資深的小姐
享受重口味的變態行為！

既然花了錢上風俗店玩樂，果然想挑戰看看平時玩不到的變態行為。話雖如此，第一次的變態玩法就嘗試正統SM，實在是門檻有點高。因此在此推薦M性感。不管怎樣，被癡女或女王型的小姐用各種方式折磨的這種風俗店，可是普通性愛無法體驗到的玩法大集合呢。

當然，如果期待普通應召站那種玩法，很有可能會感到失望。M性感也有形形色色的店，其中有些地方女孩會全裸幫客人口交，不過大多數M性感沒有這種服務，基本上也不能觸碰女孩的身體。結束時也以幫忙打手槍，或是用腳打手槍為主流。

那麼，至於能享受到怎樣的玩法，主要是淫語、言語羞辱、肛門酷刑、前列腺刺激、顏面騎乘、蒙眼睛、綑綁玩法、（紗布）龜頭折磨、玩乳頭和射精管理等。當然，被蒙眼睛、綑綁或玩乳頭的一方

70

是男性。請別搞錯了。另外，有些店家或女孩能讓客人享受到聖水、黃金、鞭子或打屁股等激烈的玩法，不過這些都屬於正統SM店的範疇。玩樂時請事先確認店家的網站，或是直接打電話詢問，基本費用能玩到哪些玩法？自選服務有哪些？這些部分至少都要確認。此外，M性感店的基本費用是60分鐘1萬2000日圓～1萬6000日圓左右。

自選服務方面，人工陰道或扮裝為1000日圓左右，穿戴式假陽具或按摩棒等大約2000日圓～3000日圓，不過像黃金等特殊激烈的玩法，有時得花上1萬日圓左右。

接下來決定要去玩的店之後，終於要朝店家出發，不過若是東京都內，店鋪型的不多，幾乎都是外送型。但是，有的店只要透過網站或電話就能玩到，有的店則是一開始要在櫃台挑選女孩再進入旅館，因此這也必須事先確認。若是後者，就先在櫃台付錢，在旅館櫃台報到後，再告知店家旅館名稱和房間號碼，大約5分鐘到10分鐘女孩就會過來。

M性感的女孩水準，沒想到比一般的健康中心

還要高，有時能遇見驚為天人的美女。這是因為M性感大多不准客人觸碰小姐，「那我也能做這份工作」，因此應徵者有增加的傾向。然而，此只看臉蛋指名會有點危險。因為，儘管不是正統的SM店，但是在M性感要是碰上技巧不成熟的女孩，恐怕會發生意想不到的悲劇。

以前發生過這樣的事。有個人聽說前列腺按摩非常舒服，於是前往不太了解的M性感店，他只憑感覺看臉蛋挑選指名女孩。可是那名女孩是超級菜的新人。她完全沒有做放鬆肛門的準備，突然插入手指，激烈地刺激前列腺。

「等等……痛……！啊！不，不要……！」

雖然他想發出聲音，卻因為過於疼痛而無法發出聲音。然而超級菜的新人女孩看到他的模樣，誤以為是抖M十分歡喜。

「呵呵，因為這種事而高興，你真變態。」

她悠哉地言語羞辱，結果更加激烈地刺激。宛如置身於地獄的10分鐘時間，伴隨著之後持續1個月的肛門疼痛，如今成了無法忘懷的回憶。

關於這點，處女和處男的第一次往往很悲慘，這可說是一樣的情形。就像處女在性愛中獲得快感之前，需要一定的經驗，而男性想藉由前列腺獲得快感，就必須將前列腺開發到一定程度。初體驗的人肛門被粗魯地對待，有可能演變成厭惡肛門酷刑的事態。反之如果被技巧熟練的女孩開發，一旦獲得前列腺的快感，就會迷上前列腺按摩。

奉勸各位，如果是超級菜的美女新人和資深的醜女讓你2選1，不要猶豫，一定要選後者。

另外，提到M性感，大家容易想成就是肛門酷刑，不過假如覺得肛門酷刑不合性情，可以事先告知店家：「我不要肛門酷刑。」如同前述，肛門在獲得快感之前需要花時間，而且M性感另外還有許多能獲得強烈快感的玩法。

蒙眼睛＆綑綁玩法是在剝奪視覺與身體自由之後，接著被癡女玩弄。被蒙眼睛神經變得敏感時，舔乳頭或羽毛觸摸會讓人爽到顫抖，不過由於身體受到綑綁，而無法獲得滿足的快感，不久就會呈現「想射卻不能射」的狀態。接著，急不可待的最

後，藉由幫忙打手槍一口氣解放，這種手法能讓全身被想像不到的快感貫穿。

另一方面，紗布龜頭折磨顧名思義，是用醫療用紗布包住沾滿潤滑液的龜頭，然後慢慢地尻槍。紗布獨特的觸感能帶來絕妙的快感。另外，同樣的玩法還有「褲襪龜頭折磨」。

射精管理是藉由幫忙打手槍等讓客人興奮，還差一點就要射的時候卻不給射的玩法。有時會使用男性用的貞操帶等用品。

每種玩法都要求女孩有相稱的技能，不過如果著迷後就能得到最棒的快感。不僅M氣質的人，追求全新刺激的人也不妨去試一次。

插畫:外山じごく

正因是同性才瞭若指掌，令人眼花撩亂的禁忌體驗

人妖健康中心

 無射精
 親吻
 幫忙打手槍
 口交
 體外性交
 真槍實彈

 所需預算 **10,000日圓～20,000日圓**

 玩樂時間 **60分鐘～120分鐘**

 推薦度 ♥♡♡♡♡

CP值
過火度
小姐水準
安心度

 人妖健康中心

美麗的女體矗立著一根小●雞勾起你的性致

相對於一般健康中心的對象是女性，由原本是男性的所謂人妖接客服務的健康中心，就叫做人妖健康中心。雖說是人妖，不過店鋪的分類形形色色。分成純粹的人妖、女裝子、偽娘等。

所謂人妖內心是女性，身體分成有陰莖睾丸（皆有）、有陰莖沒睾丸（有無）、已變性（皆無，有女性性生殖器）等。皆有的美麗臉龐加上附有陰莖，伴隨著背德感的陰莖勃起度相當於男性。有無拿掉了睾丸所以女性度提升，但另一方面勃起度還好。皆無的外表完全是女性，不過因為原本是男性，所以好處是她對男性的心情與興奮的點瞭若指掌。另外其中也有施打女性荷爾蒙使胸部變大的人妖，不過荷爾蒙胸部摸起來的感覺和女性的胸部沒兩樣。接著女裝子是具有女裝癖的男性。雖然偽娘的外表接近女性，不過身體還是男性，大多數的偽娘無論對

74

象是男是女都OK。

玩法基本上和健康中心相同，首先一起淋浴再移動到享樂室。時間從60分鐘到120分鐘。在一般的健康中心，接受口交、體外性交、69式等服務後便結束。相較之下，在人妖健康中心能享受到豐富的玩法。不僅口交，還有磨熱狗（龜頭與龜頭摩擦）、肛交（插入小姐的肛門）、被插肛門（小姐的陽具插入客人的肛門）等。此外，小姐的小●雞在業界用語中叫做「陰莖陰核」。這算是很好懂吧？至於被插肛門時，在開始玩樂前會先浣腸，把肛門裡面清乾淨。

在人妖健康中心玩樂的客人並非大多是男同性戀，而是一般性癖好的男性。帶有女性圓弧的女體胯下垂著不可能有的小●雞，而客人是對勃起的陰莖陰核矗立的模樣感興趣才來玩的。此外也有不少男性妄想著含含看陰莖陰核。實際體驗過後，因為人妖原本是男性，所以對男性感覺的部分瞭若指掌，有不少客人沉迷於她們厲害的技巧。另外和女

性玩樂時體驗不到的被插肛門玩法，也令人體驗到屁股的爽快感。一開始不習慣被插肛門會覺得痛，不過習慣之後，哎呀，太奇妙了，肛門會有感覺呢。人妖是肛交的專家。請把身心都交給小姐吧。

對於第一次嘗試的客人，她會塗滿潤滑液再慢慢插入，不會讓客人覺得痛。或許能體驗到女性第一次喪失處女的感覺。小姐的陰莖陰核以正常位插入，並且刺激客人勃起的小●雞，這只能在人妖健康中心體驗到。

一開始從網站挑選想去的店。確認制度、費用、以及小姐的簡介。比起一般的健康中心，露臉的小姐很多也是人妖健康中心的特色。從網站也可以知道有無陰莖睪丸。其中有些小姐不讓客人被插肛門。有些店家會清楚記載小姐勃起時的陰莖陰核尺寸。東京都內某家人妖健康中心，把影片發布在網站上，從頭到尾介紹玩法。第一次嘗試的客人可以作為參考。

玩樂時是在旅館或出租房間和小姐見面。第一次嘗試的客人可以告訴小姐自己想體驗的玩法。如果希望被插肛門，小

姐就會幫你浣腸。接著淋浴，幫對方洗身體。很快地小姐的陰莖陰核已經豎立，你不由得想要觸摸。小姐大多會剃掉陰毛。光溜溜的陰莖陰核和自己的小●雞彷彿是不一樣的下流生物。互相觸摸彼此的陰莖和陰莖陰核吧！屁股讓小姐洗乾淨，然後擦拭身體，走到享樂室。接下來會按照客人的喜好，從口交、69式等玩法開始。接受小姐舒服的口交，也對小姐的陰莖陰核回以溫柔的舔拭吧。也許有人一開始會感到抗拒，不過自己正在舔小●雞的背德感，令人心蕩神馳後，開始和小姐肛交、被插肛門等初體驗。這和女性的陰道又是不一樣的爽快感。若不實際體驗就無法明白其中的妙處。結束時很想射在小姐的肛門裡呢。再來還有一點注意事項，如果在玩樂時間內客人可以多次射精，不過小姐射精是必須收費的自選服務。只要是男人都明白，因為一天射精好幾次是很困難的事。即使得付費也想要2人同時射精、想要互相塗彼此的精液等，變態的你一定要試試！

另外如果不是人妖就無法體驗3P玩法。這是2名人妖和一位客人的3P。和一般健康中心的差別在於，客人被一名人妖插入，再插入另一名人妖，變成三明治的狀態。能體驗到前後同時享受快感的玩法。當然費用不算便宜。

想瞧瞧有小●雞的女性、想體驗對男性的性感重點瞭若指掌的人妖的技巧、想要和比真正女性更有女人味的美麗人妖熟悉一下、想體驗肛門的性交感覺、想要對人妖真的有感覺勃起的陰莖陰核口交、另外，對於一般健康中心已經厭倦的人，請踏入刺激的官能世界，開啟人妖健康中心的大門吧！

想要和演出人妖AV的知名女優來個AV玩法、

76

插畫:五十嵐電

為了享受第一次肛門性交的順暢計劃

按照正確確實的步驟享受安全的肛門性交

在女性的肛門、直腸插入男性生殖器叫做肛交。

肛門是神經集中之處，藉由刺激會變得更加敏感。

在69式的中途被女性舔肛門周圍，有的人會不由自主地發出聲音吧？肛門性交是自古便有的一種行為，也是增加性愛變化性的一個方法。有些女性一開始不習慣，會覺得怪怪的，而且很痛。體驗過幾次之後就會變得爽快。

首先，陰道充分濕潤後刺激性感帶。變得舒服後肛門也會變得爽快。讓收縮性高的肛門放鬆非常重要。

沾滿從陰道流出的愛液或是潤滑液，再將1根手指頭慢慢地插入。如果女性不會痛，就變成用2根指頭，然後增加到3根指頭。接著終於要插入陰莖了。體位是後背式，變成容易插入的姿勢。這時，陰莖一定要戴上保險套。肛門是容易滋生細菌的地方。細菌有可能從陰莖的尿道入侵。插入肛門後不要像普通性交那樣用力捅，一面觀察對方的情況一面溝通，慢慢地抽插吧。

肛門性交的優點是，消除千篇一律的做愛方式，還有不用擔心會懷孕。因為是利用肛門性交，所以保持清潔非常重要。用過一次的保險套要用衛生紙包起來丟掉。插入肛門的陰莖嚴禁直接插入陰道。另外，別忘了事前浣腸，洗淨腸子。為了順暢地插入，一定要準備潤滑液。

以正確的知識享受肛交吧！

插畫：咲田咲

沉浸在被女人支配的快感中的終極變態風俗店

SM俱樂部（女王）

| 無射精 | 親吻 | 幫忙打手槍 | 口交 | 體外性交 | 真槍實彈 |

 所需預算 **15,000日圓～25,000日圓**

玩樂時間 **60分鐘～90分鐘**

推薦度 ♥♥♡♡♡

SM俱樂部（女王）

扮成偽娘的玩法 使激烈的折磨更有趣

SM俱樂部作為變態風俗之王，在業界內也是受到另眼相看的風俗店。然而不只是因為SM俱樂部是歷史悠久的風俗類型。由於玩樂內容有時伴隨生命危險，所以在裡面工作的人員，尤其女王被要求和其他風俗店不能相提並論的高度技能。

正因如此，女王不是隨隨便便就當得了的。尤其一流的店家，一定會要求小姐先當M女累積經歷，看她是否具備當女王的資質。如果女王不了解那些玩法有多痛，就不會曉得何種程度是快樂、超過哪個限度會變成痛苦。女王並非僅憑本能揮下鞭子。不只M男，女王如此受到業界全體尊敬，感覺可以理解呢。

卻說，想要和女王玩樂該怎麼做呢？接下來將按順序說明。首先要決定去玩的店，先比較各間店家的網頁，可以單純地選擇有中意的女王的店家，

80

也可以依據算在基本費用中的玩法內容來決定。另外，選擇豪華的享樂室也是個方法，不過東京都內幾乎沒有店鋪型的店，多半是外送型的SM應召站。

決定要去玩的店之後，接著選擇想要的服務。SM俱樂部有S服務和M服務，S是讓S男調教M女的服務，M是M男被女王調教的服務。這個部分經常被誤解。M服務的費用是60分鐘到90分鐘為1萬5000日圓到2萬5000日圓左右。順便一提，S服務會貴上5000日圓到1萬日圓。第一次玩樂時，可以挑選較短的玩樂時間試試，不過許多人都覺得60分鐘不過癮。雖然也得兼顧預算，不過可以的話最好花90分鐘以上的時間玩樂。

完成預約後，若是店鋪型就直接在店裡玩，若是外送型就從旅館再打一次電話，等女王到來。女王現身後，別忘了好好地打聲招呼。

有些店的女王會在一開始諮詢，問你想要哪些玩法。當然你可以毫不客氣地告訴女王，你對哪些玩法有興趣、可以忍受哪種程度的疼痛。

這時，也可以向女王提出準備故事的玩法。例如自己扮成動畫的美少女角色，享受被女王虐待的情境。「提出這種要求，不會讓女王反感嗎……？」完全不用擔心這種事。不論怎麼說，對方是經驗豐富的女王。聽到穿上學校泳衣的M男拜託：「請綑縛我」，根本是家常便飯。想必她會興致勃勃地拷問你吧！

卻說，關於拷問的內容，真的是準備了各式各樣的玩法。

首先最基本的是言語羞辱。有強勢型的：「喂！明明是一頭豬，裝什麼人樣啊！」也有絮叨型的：「嗯～？你那是什麼反抗的眼神？看來需要處罰呢」。另外還有嘲笑型：「你真的是一頭豬耶，真受不了」、也有實況型：「哎呀，下流的汁液滴了滿地喔」，不過這個部分要看女王的個性而定。

雙手雙腳的緊縛玩法在SM也是稀鬆平常。有時也會被女王綁縛龜頭。這樣做已經完全是一種獎勵了呢。除了用繩子綁縛，也會用拘束具剝奪身體自由。

滴蠟玩法也是固有玩法之一。蠟燭並非用於佛龕的類型，而是使用專用的低溫蠟燭，所以其實沒有表面上那麼燙。另外，雖然只要拜託就能用普通蠟燭折磨，但還是得注意燙傷。

打屁股是使勁打臀部的玩法。一般是用手掌拍打到變紅，不過若是玩法激烈的店，有時會使用鞭子。若是前端細細分開的散鞭倒還好，假如用騎馬用的鞭子使勁抽打，一定會留下鞭痕。

肛門酷刑在SM的種類十分豐富。尤其被戴上穿戴式假陽具的女王挖屁股的假陽具性交可是最棒的獎勵，雖然不能少了肛門擴張與前列腺開發，但這得靠女王用一根手指轉動慢慢進行。把自己的身體交給她吧。最終目標還是讓肛門塞進女王拳頭的拳交。如果可以享受這種玩法，就是能獨當一面的M男了。

細跟高跟鞋折磨是用尖頭的細跟高跟鞋，對躺臥的M男顏面、乳頭和小●雞按著轉的玩法。如果變成高手，在看到細跟高跟鞋的瞬間就會射精。

然後，假如能忍受這許多的折磨，就會被允許自慰，或是由女王幫你打手槍作為獎勵迎接結束。最後對著女王說出感謝的話結束玩樂。

經歷這些基本的折磨，如果覺得還不夠刺激，就要提高玩樂的等級。不過，一旦成為被選中的M男，就能享受乳頭被針扎的扎針玩法、吃下女王吐出的食物的咀嚼玩法、女王直接排泄在客人嘴裡的聖水、黃金玩法等，不過用不著這麼努力。應該說，能做到這種地步的女王，本身就很少。對於自己能做到哪些事有自覺，再來享受SM玩法吧！

依自己喜好調教M女的終極變態玩法

SM俱樂部（M女）

無射精　親吻　幫忙打手槍　口交　體外性交　舔舐龜頭

CP值

安心度　　　過火度

小姐水準

SM俱樂部（M女）

¥	所需預算	20,000日圓～35,000日圓
⏱	玩樂時間	60分鐘～90分鐘
👍	推薦度	♥♥♡♡♡

想讓玩樂氣氛熱烈就
需要與M女的信賴關係

SM俱樂部有M男接受女王調教的玩法，當然，也準備了S男調教M女的玩法。「比起被折磨，我更想折磨別人」、「一想像女孩羞恥得扭動的模樣就感到興奮」、「我超愛看女孩欲哭的表情」，這樣的人絕對適合後者的S服務。

雖然用不著再次說明，不過所謂M女是指具有被虐興趣的女孩。被虐待得越慘感覺就越色，實在是令人困擾的性癖擁有者。在SM俱樂部，雖然也有因為能賺錢的理由，明明沒這種性癖卻來當M女的女孩，不過一直煩惱著自己變態的性癖，最後主動跳進這個世界的女孩也是確實存在的。對S男來說，和這種天生的M女玩樂，氣氛的熱烈程度自不用說。

然而SM新手的S男要能夠和天生M女盡情享受，就必須跨越幾道障礙。首先SM玩法大多需要

84

相應的技能。就像登山新手不可能直接挑戰登上聖母峰。得先從適合的目標開始稱霸。然後，SM玩法最重要的一點是與對方建立信賴關係。並非只是貫徹自己的慾望，一開始得先調查面對的M女喜歡哪種玩法、她能接受哪種程度的折磨，要努力讓對方覺得：「可以放心地把身體交給他。」

那麼，SM新手的S男和初次見面的M女能享受哪些玩法，就讓我們按順序來瞧瞧。

一開始要尋找店家。比較店家的網站，確認在籍M女、費用制度和基本費用能享受到的玩樂內容，縮小候補名單。順帶一提，享受調教M女的S服務費用標準是，60分鐘到90分鐘為2萬日圓到3萬5000日圓左右。

找到有興趣的店之後，就打電話過去詢問，喜歡的M女的出勤狀況、想玩的玩法能否提供、是否有不行的項目等。然後，如果沒問題就預約。若是需要註冊會員，就前往事務所辦理手續。

然後假如是店鋪型就在店裡，若是外送型就在旅館裡進行玩樂。和作為對象的M女見面後，首先透過日常對話交流一下，消除彼此的緊張感。接著再度確認不行的玩法，先決定今天進行玩法的大略流程，不僅對方能夠放心，之後的發展也能順暢進行。然後淋浴，開始玩樂。

說到調教M女的固有玩法，第一個舉出的果然是緊縛。繩子陷入乳房的模樣充滿視覺效果，保證令人興奮。限制身體的活動，能有效地讓快感集中在乳頭或陰蒂等性感帶，因此最好熟練基本的綁縛方式。但是，要是太過堅持陷入乳房，就很容易綁得太緊。另外，為了安全要避免同時綑綁手腳，也別忘了顧慮M女。

既然綑縛身體了，也可以享受成人玩具責弄。拿跳蛋按住乳頭或陰蒂附近，或是打開雙腿將按摩棒慢慢地插入……這時候說：「流出這麼多汁液啊……真是變態」，加上言語羞辱能使效果倍增。可以讓M女更加興奮。

各種羞恥play也是適合SM新手的玩法。例如可以讓M女在你眼前自慰。她用自己的手指攪弄胯下，「發出咕啾咕啾色色的聲音呢」、「妳都自己

這樣弄嗎？」同時使用煽動羞恥心的言語羞辱也不錯。此外，「現在手指在哪裡進進出出？」「陰道……」像這樣讓對方說出淫語也能使氣氛熱烈。

另一方面，使用鞭子或蠟燭的玩法適合中級者。

還不熟悉時不妨一邊問M女一邊嘗試，「以怎樣的力道抽打才舒服？」「妳希望蠟燭滴在哪裡？」不久你應該就能憑感覺掌握，以多少力道抽打才是最好的、怎樣滴蠟M女才會興奮。順帶一提關於蠟燭，在滴蠟的位置事先塗上潤滑液，就能防止燙傷。

AF（肛交）是SM玩法的必備結束方式之一，不過這種玩法必須注意。還不會斟酌力道時很容易用蠻力做活塞運動，但是有可能弄傷M女的直腸。不僅要戴上保險套，也得留意慢慢地插入。另外，M女之中有些人的肛門擴張作業尚未結束，像這種情況當然不能AF，請勿見怪。

浣腸、放尿、黃金等排泄玩法也是，假如對方M女沒有說不行，不妨嘗試看看。不過SM新手貿然嘗試，能否享受這種排泄玩法實在很難說。起初先

試試羞恥play的一環，讓M女在廁所放尿，淺嘗輒止或許比較好。

結束時除去能AF的情況，那就剩下口交和幫忙打手槍。但是，如果要讓M女吞精有時必須追加費用，因此最好注意一下。

想要享受SM，最大的重點是與對方的信賴關係。玩樂時M女求助：「我不行了」、「饒了我吧」，或者M女的身體狀況惡化時，就立刻中斷玩樂吧。絕對不能逼迫對方。此外還有人天真地以為，既然對方是M女，那就會聽從命令，於是強逼性交，不過這是違背變態道的行為。應該遵守規則享受SM玩法。

老司機揪上車！日本風俗店考察團

《插畫》
師走の翁

オナクラ 打手槍倶樂部	**ニューハーフヘルス** 人妖健康中心
ビデオボックス 影音包廂	**SMクラブ（女王様）** SM倶樂部（女王）
覗き部屋 偷窺房間	**SMクラブ（M女）** SM倶樂部（M女）
見学クラブ 見學倶樂部	**ハプニングバー** 濫交酒吧
ピンサロ 半套店	**乱交パーティ** 濫交派對
ヘルス 健康中心	**ちょんの間** 鬆一下
デリヘル 應召站	**マントル** 高級公寓土耳其浴
ホテヘル 旅館外送茶	**立ちんぼ** 站壁的
エステ 護膚店	**出会い系サイト** 約會交友網站
イメクラ 幻想倶樂部	**出会いカフェ** 交友咖啡廳
ソープランド 泡泡浴	**海外風俗** 海外風俗店
セクキャバ 性感酒店	**超熟女風俗** 超熟女風俗店
M性感 M性感	**デブ専風俗** 胖子控風俗店

插畫：ねぎねぎ納豆

讓玩樂氣氛更加熱烈的SM道具介紹！

挑選功能，或是挑選外觀!?
透過道具也能得知使用者的個性

在SM俱樂部，無論是S服務或M服務，都會使用各種道具玩樂。因此，在此將會說明這些道具。

◇**繩子**……繩子在SM是最基本的項目。主要是用來綑縛M男或M女，不過通常是使用經過處理、觸感變好的專用麻繩。

◇**捆綁專用靜電膠帶**……雖是用來綑縛的道具，不過相對於高手重視繩子綑縛時的美麗外觀，這是讓新手用來追求便利性的。直接纏在肌膚上也不會起斑疹，可以放心。

◇**手銬、腳鐐**……這也是用於手腕、腳脖子的拘束具。用來提高玩樂的氣氛，經常使用叮噹噹噹地

響，有附鎖鏈的類型。

◇**眼罩**……遮蔽M男或M女的視覺，讓對方感到不安的道具。也用於蒙眼睛玩法。

◇**面罩**……不只眼睛，同時連嘴巴都摀住的便利道具。可讓被征服感更加強烈。

◇**項圈**……讓M男或M女戴上，把他們當成寵物對待。還可以繫上牽繩帶去散步。

◇**口枷球塞**……口枷的一種。讓對方含著乒乓球大小的球。不僅不能說話，口水還會滴滴答答地滴下來，能激起被虐感。

◇**鞭子**……SM玩法的必備道具。通常使用不像外觀與聲音那麼痛的散鞭。

◇**蠟燭**……一般玩樂時使用不太燙的低溫蠟燭。蠟油也容易剝掉，十分安全。

◇**貞操帶**……除了女性用的，也有男性用。女王有時會用於M男的射精管理。

◇**穿戴式假陽具**……主要是由女王穿戴。當然是用這個挖M男的肛門。這可是獎勵。

此外還有各種道具，這裡蒐羅了具代表性的道具。使用時請考慮安全問題。

插畫：urute

濫交酒吧

客人之間的性行為非常理所當然的超過火酒吧

 無射精
 親吻
 幫忙打手槍
 口交
 體外性交
 真槍實彈

 所需預算 **免費～20,000日圓**

玩樂時間 **4小時～5小時**

推薦度 ♥♥♡♡♡

CP值 / 過火度 / 小姐水準 / 安心度

 濫交酒吧

可以的話找伴侶一起去玩！

濫交酒吧的英文是「happening bar」，顧名思義就是「不曉得會發生什麼事」，享受事件的酒吧。

當然，這裡所說的事件，是指性交、口交或SM玩法等性行為。

店家種類並非風俗店，終究只是酒吧。因此，即使是有女性員工的店，也不能直接從女孩獲得性服務。店裡的流程是，客人之間享受情色對話，氣氛變得熱烈後，結果客人開始突發性的性行為。順帶一提，許多店家分成酒吧空間，還有稱為沙發座位或情侶席的享樂空間，先在酒吧的吧台享受對話，然後玩樂前則在享樂空間進行。

實際的行為就在享樂空間進行。

濫交酒吧存在著明確的階級這點。

位於金字塔頂端的人是單獨前來的女性客人。

「妳真可愛」、「妳的身材真好，可以吃模特兒這一

90

行飯呢」、「妳希望我幫妳做什麼呢？儘管開口」，這些女性被捧得樂開懷。比起性行為，被奉承更令人開心，有許多女性因而無法戒掉上濫交酒吧。當然在費用方面也有優待，包含入會費和餐飲費都是免費入場，大部分的店家頂多只收取1000日圓左右。

其次是情侶客人。大部分的店能夠自由移動的只有酒吧空間，必須經過女性同意才能進入享樂空間。換言之若是情侶一起上門的男性，至少被賦予了能在店裡自由活動的權利。費用是2人的入會費為2000日圓到8000日圓左右，2人的入場費為6000日圓～8000日圓左右。

然後最底層的是單獨前來的男性客人。不管怎樣，如果沒有女性單獨客人或情侶客人的允許，就不能踏進享樂空間。單獨男性客人只剩下窺視情侶發生性關係的樂趣，不過有的店連這點都不允許。想偷窺別人發生性行為的人、想享受店內氣氛的人、對於有自信只憑一張嘴開拓人生的人，如果不是刻意想體驗低下階層的悲哀M男，最好做好相應

的心理準備再入場。費用為入會費2000日圓～8000日圓，入場費8000日圓～2萬日圓左右。果然是最貴的價格設定。

如果男性想在濫交酒吧享樂，最好成為情侶客人。就算是沒有妻子或女友的人，有個方法是在風俗店或約會交友網站願意一起去濫交酒吧的同伴。話說，如果彼此不是原本就擁有特殊性癖，會帶自己的妻子或女友上濫交酒吧的人實在很少。另一方面，對濫交酒吧有興趣的女性也很少邀自己的丈夫或男友，所以在約會交友網站能輕易地找到搭檔。

那麼，接下來假設是情侶客人上門的情況，來模擬一下濫交酒吧的玩法。

首先進入店裡。也許是為了防止被檢舉，或是顧慮旁人的眼光，許多店家都沒有掛出招牌，第一次上門時也許會感到困惑。不妨事先向店家詢問詳細的地點。另外，有些店的入口是兩重門，這也是為了防止被檢舉。

接下來完成登記。大部分的店是會員制，這時會

被要求出示身分證。此外這種情況下，有時需要附照片的證件，所以別忘了事先準備。

付了入會費和入場費，終於要踏進店裡了。如同前述，店內分成酒吧空間和享樂空間，有時在享樂空間能見到好幾組男女交纏在一起。在濫交酒吧有許多人的性癖是「被人看著會很興奮」，如果你細細地欣賞，也許他們會很高興。

酒吧空間裡若有中意的人不妨向她攀談。對話時氣氛最熱烈的還是聊色。談論自己最興奮的是哪種行為，若是SM型濫交酒吧，收集活動等資訊也不錯。

雖然也可以立刻移動到享樂空間，和伴侶開始幹起來，不過既然難得到濫交酒吧玩了。這裡是尋找3P、4P或換妻對象的地方。如果要摻雜單獨女性客人進行3P，只要讓同伴女性去說服，對方就會降低警戒心，答應的可能性也會提高。另外，假如有想法相似的情侶客人，提出換妻的要求，或是向可憐的單獨男性客人伸出援手，享受受到感謝的「佛系玩法」也行。

但是不管怎樣，千萬不能強迫別人。在濫交酒吧，SM、露出、女同、男同、換妻、女裝等，擁有各種性癖的人聚集於此。被強迫接受與自己不同性癖的玩法，只會覺得不愉快。彼此應該爽快地玩樂。

另外，事件未必都會發生。有的時間和日子，和普通酒吧完全沒兩樣，這種情形也有。期待氣氛熱烈的人不妨看準末班電車開走的時間再去玩。並且濫交酒吧至今屢屢成為被檢舉的對象。警察突然衝進濫交酒吧，驚慌的女子引起陰道痙攣，和男伴還沒分開就被帶走……這種令人笑不出來的笑話也有人煞有其事地竊竊私語。在內心一隅記住也有這種風險，再去濫交酒吧享樂吧！

插畫：urute

避免性感染疾病的安全性行為的建議

在不特定多數男女出入的「風俗店」一定要使用保險套

近年來，性行為與風俗店各自的性指向更加多樣化。以前認為安全的行為如今也變成危險行為。請一面採取行動減少性感染疾病、性病等風險，一面自己負起責任享受私生活的性愛或是上風俗店玩樂吧。

尤其在日本安全性行為比全世界落後。另外關於資訊的機會、性教育不足也是原因之一。此外在日本的歷史中，隱諱性行為被認為才是美德，這也正是安全性行為不夠普及的理由。

實際的方法也被許多人誤解。獲得實際的性交正確化。

必須理解不只直接插入陰道或者在陰道內射精，肛門性交、口交、舔陰、及深吻等口內性交也會感染。而且不僅男女之間，認清女同、男同也有感染的危險性，留意安全性行為吧！

在此一起來學習具體的因應方法。

◇妥當地使用保險套

射精前從陰莖流出的預射精液也算是精液。請留意在勃起時就要使用保險套。當然在插入時也要使用保險套。

◇避免直接舔女性生殖器

只有口交就不用擔心懷孕，所以大多數人會直接互舔。一般在性風俗的服務中也是不使用保險套就口交。然而，有許多性病是透過口交感染。陰道內滿是黴菌。尤其已知生理期的經血中含有許多HIV（人類免疫缺乏病毒）。生理期時性交感染的風險會變高。

雖然預防感染，實際上非常困難，不過可以下點工夫，例如隔著口交用的薄型保險套舔拭，或是隔著食品用保鮮膜舔拭。反之接受口交時也可以讓對

插畫：nあくた

方隔著保險套舔拭。10年前，據說不會從口交感染HIV或性病，不過在某間半套店有小姐從口交感染了HIV。

◇不要直接舔肛門

這也和女性生殖器以相同方法防範。另外，一邊肛門性交，又一邊中途重新插入陰道性交，這可是非常危險的行為。

◇避免與不特定多數人性交

濫交派對或一夜情對男人而言是十分刺激的體驗，不過要了解同時也伴隨著危險。

◇口腔內、生殖器受傷時，在治好前不要性交

從傷口流出的血液附著在喉嚨的黏膜可能會造成感染。

◇進行適當的性病檢查與治療

原本和異性分手時，理想中至少要隔1個月再和下一位異性做愛。這段期間，為了確認彼此沒有病歷，最好接受性病檢查。

◇留意清潔的性愛

養成習慣在做愛前後入浴。保持身體清潔非常重

要。雖然野外性交或車震等非常刺激，不過不太推薦。用觸碰過肛門的手指接觸陰道，很有可能造成感染。

另外，戴上保險套會使敏感度變遲鈍，有不少人煩惱這樣無法獲得快感。這種情況下建議您積極地利用潤滑液等潤滑劑。使用潤滑劑能享受到與平常不同的插入感。近年來，保險套也不斷進化，有強調輕薄使用感的類型等，充滿了變化。挑選適合自己的保險套也非常重要。另外有些女性不喜歡保險套的摩擦感。這種時候在插入前要做足前戲，讓陰道濕潤，然後配合彼此的節奏插入。不要只顧自己，讓彼此感覺舒服才是正常的安全性行為。

敬請享受安全舒服的性生活。

拒絕風俗新手!?
想對違法風俗業一窺堂奧

- ●濫交派對
- ●●鬆一下／高級公寓土耳其浴
- ●●●站壁的
- ●約會交友 ●海外風俗店

多名男女交纏在一起雜交的祕密宴會

無射精　親吻　幫忙打手槍　口交　體外性交　真槍實彈

 所需預算　15,000日圓～30,000日圓

 玩樂時間　2～4小時

推薦度　❤ ♡ ♡ ♡ ♡

CP值
過火度
小姐水準
安心度

濫交派對

享受和多名女性多次性交

多名男女聚在一起性交，就叫做濫交派對。大多分成個別男女憑興趣舉辦者，或是基於營業目的舉辦，不過兩者都是公然猥褻，是明顯的犯罪行為。

近年來，網路上的濫交網站等變成取締對象，遭到檢舉而呈現毀滅狀態。因此，現狀是擁有共同興趣，關係親近的男女偷偷地聚在一起享樂。如果沒有介紹者引介，自由客很難加入，不過假如有機會參加，請自己負起責任享樂吧！

舉辦的地點有旅館的聯誼室、高級公寓的一間房間、會員制旅館等。參加費用為1萬5000日圓到3萬日圓，差距頗大。但是，並未接獲像敲竹槓風俗店那樣收取追加費用的事例報告，所以關於這點可以放心。通常是男性與女性人數一致的派對，也有相對於3名女性，男性則是加倍的6人。基本上舉辦時間大約2～4小時。優點是這段期間內不

98

論和多少人，只要時間允許都能盡情做愛。至於注意事項是，性交時一定要戴保險套，和人結合後，在和下一名女性結合前得去淋浴。

那麼，讓我們實際潛入濫交派對瞧瞧吧！首先打電話請對方告知詳細地點等資訊。這時也要詢問今天參加成員的男女人數、年齡層等。到達房間後，有時得出示附大頭照的身分證。主辦人會詳細說明規則，若有不懂的地方就開口詢問。先去淋浴再移動到聯誼室。這時已經有幾名客人先到了。簡單地自我介紹，然後閒聊一下，如果裡面有喜歡的類型，就積極地邀約吧。大家目的一致，所以不用害羞。而在隔壁房間，整間房間鋪滿了被褥。枕邊有未使用的保險套。其中也有已經開始做愛的男女，在互相刺激下享受性愛吧！稍微休息時可以欣賞別人性交，這也是濫交派對獨有的特色。另外，如果有多名女性，也可以挑戰3P。這時消除你的羞恥心，邀請一起進入心蕩神馳的官能世界吧！

在濫交派對只要有體力，就可以多次性交，或是多P，還有能偷看別人做愛的優點。不過，並非只

有優點。這終究是政府不准許的違法風俗店，這一點請記在腦海中。另外，參加的女性出乎意料地高齡，容貌也不見得符合你的喜好。因為是陌生人聚集的場所，所以錢包要放在安全的地方保管，當心染上性病！

此外，變種的濫交派對還有混浴濫交、巴士之旅濫交、某模特兒事務所主辦的濫交派對等。混浴濫交是多人到地方混浴溫泉旅行，在溫泉或房間裡濫交。大家好像出門在外不怕丟臉似的，玩得非常嗨。巴士之旅也很類似，不過在巴士車內、野外濫交玩起來更加熱烈。而某模特兒事務所主辦的，是並未在平民之間流傳，彷彿都市傳說的派對。像是有藝人參加，在六本木某處夜夜笙歌等，雖然不清楚真實情況，不過似乎真的有這麼一回事。

實際上很想參加，但怎樣做才能參加濫交派對呢？網路的參加募集網站遭到檢舉的現在，現實中一般人很難參加。沒有門路的人就在網路上，變更「大人的喝酒聚會、團體性交、亂玩」等關鍵字搜尋吧。果然還是需要身邊有參加的人幫忙介紹。

因為和檢舉者無謂的攻防，名稱在每個時代都會改變，順利的話應該就能找到濫交派對。

此外，大約10年前有一種叫做大人派對，非常受歡迎的非法風俗店。現在說不定仍存在於某處，不過實際情形並不清楚。當時從雜誌或運動報紙的三行廣告招攬客人。至於濫交派對和大人派對的差別，在於前來的女性是專家或素人。大人派對是由店家僱用女性，另一方面濫交派對則是女性自由參加。不過，這個基準也很模糊，濫交派對有時也會夾雜專業的女性。在濫交派對只要體力和時間允許，就能和多名女性性交。另一方面，大人派對基本上是2小時內和2名女性做愛。和濫交派對同樣是在東京都內高級公寓的一個房間裡進行，在東京大多位於惠比壽、澀谷道玄坂、五反田等處。

打電話過去，對方就會告訴你到高級公寓該怎麼走。到達房間後先支付費用1萬5000日圓，淋浴後會被帶到女性待命的房間。大約3坪的房間裡有3～5名女性。年齡層很廣泛，從20幾歲到40幾歲都有。和濫交派對相比，20幾歲的年輕人較少，

年齡層偏高。房間裡的電視有時會播放無碼片。因此也被一部分的人稱為無碼片鑑賞會。

接著從女孩之中邀約中意的人。在濫交派對偶爾也會被拒絕，不過在大人派對不會有這種情形。隔壁房間鋪滿了又薄又硬的棉被，這裡也有先到的客人正在做愛。客人和女性性交完全被看光光。從口交開始，直挺挺地勃起後被戴上保險套，然後結合。從後背式開始幹，結束時以正常位發射。再去淋浴一次，做好臨戰態勢就指名第2位女孩，同樣在又薄又硬的棉被裡啪啪啪。基本上是一對一戰，3P的情形很少。

插畫:ねぎねぎ納豆

從很久以前延續下來的紅燈區玩法，那就是鬆一下！

鬆一下
高級公寓土耳其浴

無射精　親吻　幫忙打手槍　口交　體外性交　真槍實彈

 所需預算　**10,000日圓～30,000日圓**

 玩樂時間　**15分鐘～90分鐘**

👍 推薦度　♥♥♥♡♡

CP值

過火度

安心度

小姐水準

在合法與非法的縫隙中存活的懷舊本番風俗店

鑽法律漏洞，遊走於與違法（illegal）世界的界線，偷偷營業的風俗店稱為違法風俗店（可以性交的風俗店）。其中鬆一下顯現出特別出眾的存在感。它的登場可以追溯到距今60年前。擠進先進國家之列的日本，為了乘上全球禁止賣春的潮流，決定一齊禁止以往合法的紅燈區等本番風俗店。雖說是時代的潮流，但以往在所當然地享樂的廣大男性，頓時失去玩樂的場所，在那些地方工作的許多女性也面臨失業。當然，店鋪經營者也大受打擊。在這當中出現店家聲稱：「原則上我們並非風俗店。不過在包廂裡兩人獨處的男女，雖然有可能在彼此同意下進行性行為，不過那與本店無關，不能向我們問罪吧？」取締的警察也覺得這能防止在這一行工作的女性失業，於是默認他們的真正心思和原則。以前僅限有紅線、藍線的區域內才准許營

102

業。

在合法與非法的界線重新開始營業的店家，分成直接使用從紅線、藍線時代的店鋪，這種風俗店叫做鬆一下；還有店鋪翻修成附浴室包廂的泡泡浴，作為可以性交的風俗店被允許繼續營業。

關於紅線和藍線的差別，據說是因為負責本風俗店的警察，將政府承認的紅燈區用紅色原子筆圈起來，政府未承認的本番風俗店聚集之地則是用藍色原子筆圈起來，其中差異便能一目了然。順帶一提，原本是紅線，現在仍留存的鬆一下大街，有大坂的飛田新地或松島新地等地。原本是藍線的鬆一下大街，最有名的是橫濱黃金町（目前歇業）和川崎堀之內（現在泡泡浴街上還有幾家）等。

現在仍屬違法的鬆一下大街，之所以沒被檢舉得以延續，是因為各家鬆一下長年來獲得許可持續營業。雖然因為重新開發想要拆毀大樓，不過營業的店家以經營權為後盾，拒絕搬走持續營業，不過想便容易明白。對尋芳客來說這是別具風格的風俗店，雖然希望他們繼續營業，不過警察和鬆一下大街上自治團體的真心話是，設法找個讓他們歇業的開端，想要逼他們歇業。實際上由於當地居民的反對運動而被迫歇業的鬆一下大街也不少。如今尚在的鬆一下大街也不會永遠持續，所以如果有機會，請務必去玩玩看。

關於鬆一下大街的玩法，按照類型可分成2種。飛田新地和川崎堀之內等地的被稱為櫥窗型，或是裝飾櫥窗型。女孩坐在敞開的玄關上來的地方，或是站在透明玻璃門裡面，這種類型可以直接看到作為對象的女孩。

另一種是，不能直接看見女孩，到房間等待女孩才會出現。今里新地和信太山等地的就是這種類型。走進店裡時可以要求「我要大約○○歲的巨乳女孩」（有的地方會出現超乎期待的女孩，但有時也會期待落空）。

和挑選的女孩一起進入享樂室，從這裡開始兩種類型都一樣，因此讓我們跳到進房間後的互動吧。

鬆一下的玩樂時間短，所以進房間後就會立刻脫掉衣服，用濕毛巾等把小●雞擦乾淨。然後馬上開始

口交。勃起後戴上保險套插入。這時，雖然可以舔乳房，不過不能舔陰。專心一志地活動腰部，結束後對方幫你清理乾淨然後離開。玩樂時間為15分鐘到30分鐘。費用行情是1萬日圓左右。鬆一下的語源就是來自這種迅速的玩法。在一點時間內做愛，就是鬆一下。

露臉型的鬆一下的玩法訣竅是，如果覺得「這個女孩真可愛！」當場判斷踏進店裡才是正確作法。

鬆一下大街上有許多露臉的女孩，雖然容易眼花撩亂，不過回到中意的女孩之處時，很可能已經不在原地了，這種情形並不少見。請立刻決定吧！

違法風俗店除了鬆一下，還有能在高級公寓的一個房間裡接受與泡泡浴相同服務的高級公寓土耳其浴（土耳其浴是泡泡浴以前的名稱），雖然營業型態和應召站一樣，但是有以性交服務為招牌的本番應召站（意思是可以性交的應召站）。兩者費用都是2萬日圓以上。應召站收費超過2萬日圓的店，可以合理懷疑大概是本番應召站。但是也有些店玩法特殊，並沒有性交，收費卻超過2萬日圓，因

此打電話過去時可以詢問：「你們的服務有到最後（暗示性交的行話）嗎？」「不能性交的店會說：「我們只有健全的服務。」

本番應召站的女孩有好有壞，有些女孩連口交都不願意。既然付出同樣的價錢，有的人覺得服務滿分的泡泡浴比較好，不過本番應召站的女孩有很多風俗經驗不充分的素人，所以即使服務差一點，不討厭客人責弄的女孩並不少。推薦給不喜歡被責弄，想要主動責弄女孩再性交的人。不斷地舔拭，讓女孩濕透，不住地喘息！能體驗到宛如和真正女友做愛的感覺。

插畫：五十嵐電マ

治安良好，玩法類型也豐富
關西鬆一下地圖

在關東地方已經絕跡的鬆一下，在關西地方還有營業。確認各個地點的特色，去自己喜歡的新地玩樂吧！

大阪飛田新地
大阪市西成區山王3丁目

> 15分鐘 11,000日圓

商店街附近的「青春大街」水準非常高。JK制服、護士、修女等獨特的角色扮演也十分引人注目。「妖怪大街」偶爾也有年輕女性，不過基本上以30幾歲～40幾歲的熟女為主。雖然小姐水準很高，不過玩樂時間短。儘管知名度高，但是從CP值這方面來看，在其他新地玩樂會比較好。

大阪信太山新地
和泉市幸1丁目

> 15分鐘 7,500日圓

雖然來一發的費用是最便宜的，但很多房間都附有淋浴設備。主力是25歲前後。女孩不是露臉型，而是從妓院外送。在鬆一下狂熱者之間，有人覺得信太山比飛田更有人氣。

大阪松島新地
大阪市西區九條1丁目

> 30分鐘 10,000日圓

越接近松島中心就越多年輕女性，外側的大街則有年紀相當大的熟女。但是因為有露臉，所以不用害怕踩到地雷。相對於時間，金額在大阪是最便宜的。

大阪今里新地

大阪市生野區新今里3丁目

30分鐘 13,000日圓

從妓院外送型。屋前懸掛的紅燈籠有圓形和方形，各自有關的妓院不同。女孩從20歲到40幾歲都有，

果然還是以熟女為主。這裡也和瀧井一樣，有的女孩可以無套做愛。

大阪瀧井新地

守口市瀧井西町1丁目

30分鐘 14,000日圓

以30歲以上的熟女為主。以前很多都40歲以上，最近似乎年齡層稍微降低。和其他新地相比，外貌水準低落。有些店家以無套內射為賣點。

奈良生駒新地

奈良縣生駒市門前町

120分鐘 27,000日圓

對象都是35歲到年過40的熟女。要拜託旅館阿姨從妓院外送小姐。和其他新地相比價錢特別貴，卻是整整2小時的重口味玩法，還可以享受混浴。住宿是4萬2000日圓。

兵庫KANNAMI新地

兵庫縣尼崎市神田南通3丁目

30分鐘10,000日圓

大部分是20幾歲年輕花俏的小姐，巨乳的比例也很高。有金髮辣妹型、苗條型、蘿莉型等。也有角色扮演。拉皮條的阿姨氣勢有點強。觀光客很多，翻桌率非常高。

雖然可以性交，風險卻也很高。神出鬼沒的非法風俗店

站壁的

無射精　親吻　幫忙打手槍　口交　體外性交　真槍實彈

 ¥ 所需預算 **15,000日圓～20,000日圓**

 玩樂時間 **60分鐘**

 推薦度 ♥♡♡♡♡

CP值
過火度
安心度
小姐水準

站壁的

和大姐直接交涉馬上就能做愛！

所謂站壁的，是站在鬧區街角向路人搭話，親自拉客的非法交易，也稱為娼婦、街娼。

同樣地也有向路人搭話違法交易的皮條客，不過他們只是介紹玩樂對象的中人，所以通常是歐巴桑或歐吉桑。如果是站壁的，便是由當事人與客人交涉，並且服務到最後。並沒有開設店鋪或是打電話交涉，而是和路上路過的人直接交涉，向客人收錢一起玩樂，正是所謂的直接拉客型。

因此，為了有效率地確保客人，她們喜歡感覺有很多男性想做愛，位於旅館或賓館附近的地方，站壁的因而出沒於有這種環境的鬧區。

然而，不能公開交易的她們，一般出沒於遠離大街的昏暗小巷裡，或旅館街附近的大馬路。以前，全日本有好幾個站壁的地點，不過由於風營法修改和自治團體的淨化作戰，站壁的能從事交易的場所

108

銳減。

話雖如此，站壁的並非銷聲匿跡了。她們只是對於取締保持警戒，要到特定場所才會遇見，而且時間變得難以預測，在比較有名的站壁的出沒地點，現在依然能看到她們的身影。

例如車站附近，在東京都內擁有數一數二賓館街的鶯谷。許多人利用外送型風俗店，這裡是通往車站的近路，男性獨自走在旅館街的情形並不罕見。佇立在旅館前的三十歲到五十歲的女性，看準這種男人向他們搭話。而且是小聲簡單地問：「欸，要不要？」她們不會對沒興趣的男人窮追不捨，而是直接放過。從大白天就能見到這幅光景。

從新宿歌舞伎町前往賓館街途中的ＨＹＧＥＩＡ附近，儘管附近有派出所，夜深後，這裡是日本人、亞洲人、此外連人妖都加入展開搶客人大戰的場所。現在大樓周圍設有柵欄，使站壁的無法進入。即便如此仍是日本第一的鬧區。周邊有看似有隱情的女孩以援交為目的聚集在此。

大家或許心想：「既然要當站壁的，怎麼不乾脆到風俗店上班？」不過她們也有自己的理由。站壁的這一行，如果願意的話，不用在意國籍、年齡或容貌等都能工作，不只日本人，也有許多外國人，年齡也是從20歲前後的年輕女孩到年逾花甲的阿姨，年齡層廣泛正是特色。

若是年逾花甲的阿姨可能只有口交，有時玩樂內容受到限定，不過以性交為目的的一般玩法，費用包含了旅館費用，60分鐘約1萬5000日圓～2萬日圓。看你如何交涉，有可能減價5000日圓左右。最容易殺價的時段是深夜11點前後。過了12點旅館不再是休息費用，而是變成住宿費，因為比較貴，所以小姐也比較容易接受殺價。此外，盛夏與隆冬時期也是，由於小姐想逃離暑氣或寒氣，如果你強勢地交涉，小姐降價的可能性就會提高。假如交涉降價的態度太強硬，有可能惹得小姐不高興，如果真的想幹就適可而止吧！

交涉完成後兩人在旅館櫃台報到。一般會是站壁的熟悉的旅館，不過假如有自己認識的地方，也可以避開仙人跳，不妨利用這樣的地方。

如果小姐付了旅館費用，進入房間後包含旅館費用要預先付款給小姐。之後在時間到之前只要享受男女的性行為。但是，就算限制時間是60分鐘，只要射精1次玩樂便結束。由於小姐想要接下一位客人，有時她會想要趕快結束工作，因此關於服務品質別太期待。無法期待風俗店那樣十分周到的玩法。這種情況下不要跟著小姐的步調，以自己的步調享樂再結束才是上策。

假如不想花旅館費用，在公共廁所或不引人注目的隱蔽處辦事，或是只有口交，能夠臨機應變地對應也是站壁的獨有的特色。雖說能否這樣也是要看小姐而定⋯⋯

此外必須留意，正因為站壁的是違法營業行為，所以有幾點得注意。首先是性病。若是風俗店就會注意性病檢查與衛生方面，但是個人營業的站壁的，不見得有做好自我管理。因此，染上性病的可能性極高。

另外，淋浴時錢包裡的錢被偷走，或者更糟的情況是仙人跳，或是被下安眠藥搶走值錢的東西等，

碰上新型態犯罪手法的可能性並不是沒有。更有甚者，你以為對方是女性，等到進了旅館，才發現她胯下垂著比自己更壯觀的東西，在這個世界遇到人妖也是十分有可能的事。

和向你搭話的女性隨隨便便就能進入旅館輕易地做愛，雖然有輕鬆的一面，卻伴隨著相應的風險，這點絕不能忘記。

原本不僅神出鬼沒，並且如同前述，由於城鎮的淨化作戰，使得站壁的很明顯地不見蹤跡。就算想像風俗店那樣玩樂也玩不到。而且遇見喜歡類型的機率不僅非常低，還存在著各種風險。

考慮這些因素，對於風俗新手而言，或許站壁的玩法難度相當高呢。

插畫：urute

約會交友網站 交友咖啡廳

無射精　親吻　幫忙打手槍　口交　體外性交　真槍實彈

所需預算　10,000日圓～15,000日圓

玩樂時間　60分鐘～整天

推薦度　♥♥♡♡♡

網站或店鋪為男女 情色的相遇搭上線

「約會交友」這一詞在1990年代後半開始被頻繁地使用。因為變成用手機也能輕鬆地瀏覽網站，並且之前使用電腦透過網路的個人之間訊息往返，變成用手機也能輕鬆地互動。稱為「留言板」，讓男女寫下訊息的網站陸續登場，轉眼間急速成長為男女全新的約會交友工具，並且形成稱為「約會交友網站」的類型。

「STAR BEACH」這個免費留言板點燃了熱潮。只要從手機、PHS連上網站，任何人都能公開留言，而看到的人可以寄送郵件。當時許多人把自己的電子郵件地址直接發布在留言板上，因而成為垃圾郵件業者的目標，它的簡便遭到利用，暗示援助交際或賣春的訊息增加，後來衍生了各種問題。

然而乘著這股熱潮，付費、免費的約會交友網站

112

紛紛出現。此外由於附相機的手機普及，變成可以上傳照片，於是約會交友網站市場更加擴大。

不過，恐嚇或利用假用戶進行法定外的要求等惡劣的付費網站不斷出現。此外，青年層的援助交際或約會交友網站導致的重大犯罪發生等，也成為嚴重的社會問題。

因此2003年制定了「約會交友網站規制法」（利用網路異性介紹事業引誘兒童行為之限制等相關法律），不過之後也發生許多與約會交友網站有關的犯罪。2008年加強限制後，惡劣的業者被檢舉，泛濫的約會交友網站終於遭到淘汰。

此外由於SNS（社群網站）的普及，使得約會交友網站的使用者減少。最近的主流是利用智慧型手機專屬App的網站，藉由與臉書連動排除可疑的業者。由於使用者也必須認證本人為18歲以上，所以本人以外的使用非常困難，惡劣的假用戶也銳減了。

關於現在的約會交友網站，在此簡單地說明並介紹一下利用方式。若是付費網站，有只支付使用部

分的從量課金制，和月額無限使用的定額課金制。定額課金制的行情是月額4000日圓。如果是想要有耐心地尋找喜歡類型的人，選擇定額制就能放心。

順帶一提女性是免費，和男性會員郵件往返或打電話，或者上傳色情照片，現在幾乎都是這種制度。因此，有些女性使用者是以賺點數為目的，難以辨認是否為假用戶，這點也要記住。

和臉書連動時，會擔心被認識的人發現自己利用約會交友網站。然而，大部分的App不會顯示異性，也不會顯示在自己的時間軸，所以不用擔心。

利用約會交友網站的女性，會獲得許多男性的「讚」。正因競爭者眾，如果不下工夫讓女性留下印象，就無法在過度競爭中勝出。因此，首要重點是刊出好看的形象照片與給人良好印象的簡介。然後在許多女性的檔案盡量留下足跡。藉由留下足跡引導對方來到自己的頁面。

加入各種社群也是一個方法。總之增加曝光率被

女性看見也是重點。可以的話也要頻繁地登入。尤其深夜登入的使用者很少，所以在女性的畫面上出現的男性數量也很少，因此很容易獲得「讚」。

依照App女性的年齡層與約會交友的目的（尋找另一半、希望援助交際、徵炮友、愛人契約等）也不同，不妨在網路上搜尋，尋找符合自己目的的約會交友App。

利用數位工具的約會交友網站受到關注，另一方面，尋求傳統邂逅的需求也逐漸提高。並非透過郵件或電話，而是想要實際見面後進行交流，而回應這種男女需求的，正是稱為「交友咖啡廳」或「交友房間」的新興約會交友產業。

在約會交友網站並不清楚女孩的容貌，有時明明約好了卻被放鴿子。為了消除這種不滿，這種制度是把女孩聚集在咖啡廳風格的場所，然後讓男性客人品評。女孩可以免費隨意點點心、飲料和輕食，也能夠上網等，由於打發時間還能順便賺零用錢，因而成為學生與主婦適合經常聚集的地方。

店家的制度大略能分成兩類。一種是「魔術鏡

式」。男性隔著魔術鏡品評女性，如果有想要的女孩，就向店家工作人員直接交涉。於是就能在個別空間和女孩獨處聊天，這時如果談妥就能一起在店外約會。另一種是「倒追式」。女性看過男性預先填寫的檔案，然後來到男性待命的包廂。這時兩人交涉，談妥後直接在房間裡做愛做的事。

至於使用費用的標準，魔術鏡式的交友咖啡廳入場費，含成交費為5000日圓；倒追式的交友房間為60分鐘4500日圓。再加上入會費5000日圓～1萬日圓。交友咖啡廳是女大學生等20歲出頭的年輕女孩。交友房間則大多是30歲以上的成熟女性。

順帶一提，至於交涉後能做哪些事，大概是兩人一起散步吃飯親熱……當然，另外需要相應的代價。

插畫：nあぐ

風俗店玩法不是日本才有！前進全世界的風俗店吧！

海外風俗店

 所需預算 **500日圓～40,000日圓**

 玩樂時間 **120分鐘～不限時間**

推薦度 ♥♡♡♡♡

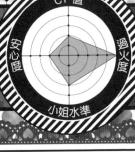

海外風俗店

和日本相同，可以上風俗店玩樂的場所

話說對海外旅行沒興趣的人或許沒注意到，不過並非日本才有風俗店，全世界所有地方都有。鄰近的韓國、台灣、中國自不用說，菲律賓、泰國等東南亞國家也有，知道海外風俗店的存在，以上風俗店為目的進行海外旅行的狂熱日本人也不在少數。

在此將介紹這些不為人知的海外風俗店的享樂方式。

想必有不少人覺得，為了上風俗店特地到海外旅行實在難以想像，但若是想成海外旅行時順便去玩一玩，就沒有那麼不自然。一開始也有說過，到任何國家都能上風俗店玩樂，起初不用意識到上風俗店，只須擬定海外旅行計畫即可。如果想到一年四季都像夏天的島嶼海灘遊玩，那麼菲律賓宿霧島或泰國的海灘度假勝地會很好玩；若是想來一場世界遺產巡禮，前往澳門也是個不錯的選擇。另外，由

116

於旅費和日本國內旅遊一樣便宜，所以有些人會去韓國玩。決定目的地之後，再搜尋當地能享受到哪些風俗店玩法，這樣就能去玩了。

不過也許你會擔心：「在語言不通的海外上風俗店風險有點高吧？會不會因為自己是外國人就得多付錢呢？」當然，在部分地域上風俗店伴隨著風險，也有針對外國觀光客敲竹槓的風俗店業者（導遊）。不過就算在日本玩，會遇到的就是會遇到。如果遵守注意事項遊玩，在海外也能放心地上風俗店享樂。

至於在海外上風俗店玩樂前的注意事項是，要去玩的國家和地點（都市等）決定後，就上網搜尋該地的風俗店。能享受到哪種類型的風俗店、價錢多少、還有玩法等都要調查。如果有周邊地圖，也可以印出來。接著要去玩的地點決定後，重點是自己走去店家。因為人生地不熟，所以想拜託計程車司機或旅行帶隊的導遊帶你去，雖然想明白這樣的心情，但是對他們來說，跑來問風俗店的外國人可是待宰的肥羊。不僅能向客人收取導遊費，如果帶去

自己有來往的店，也能獲得店家的報酬。而且報酬會另加在來店客人的費用上，所以拜託導遊會比自己去玩時多付2倍到3倍的費用。事前收集玩樂資訊，如果能自己去，玩樂時就不怕被敲竹槓。

海外的風俗店玩法中，有日本風俗店體驗不到的許多樂趣。

其一正是能在日本所沒有的風俗店裡玩樂。最具代表性的是全球只有泰國和菲律賓才有的風俗店——gogo吧。這是在迪斯可的高台放大般的舞台上，穿著泳裝（也有露出度更高的店）的舞女在跳舞，客人一邊觀賞一邊喝飲料（不只酒類，點果汁也行）的店。不只觀賞，如果有中意的舞女，可以叫她來接待，像性感酒店那樣觸摸。然後，如果正合你意，還可以直接帶去旅館。若是大型店會有超過百名舞女狂舞，光是欣賞這一幕也很有價值。假如沒帶出場，費用就只有飲料費。即使請接待的舞女喝一杯也不過3000日圓左右（帶出場則是1萬5000日圓起跳）。

澳門的色情三溫暖（叫做桑拿）也很壯觀。雖然外觀和日本的三溫暖沒兩樣，不過1小時1次會有許多女孩出現，開始露臉時間。這種的如果是大型店，就會有大約50名來自全球的美女雲集。和挑選的女孩在包廂裡享受性交，雖然全部得花3萬日圓以上，卻是豪華感滿分的玩法呢。

日本風俗店的玩樂時間都被劃分成段落，不過在海外可以讓小姐留宿。夜晚時間尚早時帶出場，一起吃飯或是去迪斯可玩，充分享受肌膚之親後再上床。要是滿意，也可以延長時間留宿2晚、3晚，因此也能一起去海灘度假勝地住一晚，來場小旅行。這在日本是想像不到的玩法呢。而且在泰國或菲律賓等東南亞國家，由於物價便宜，住1晚大約1萬日圓，即使一起度過3天2夜也只要3萬日圓左右（可以和小姐講價錢）。要是體驗過這種難以置信的服務，沉迷於海外風俗店也是理所當然的。

「雖然一起度過的時間較長，這樣很不錯，可是和語言不通的女孩在一起那麼久會好玩嗎？」或許許多人心存疑問，不過船到橋頭自然直。只要透過

肢體語言也能玩得氣氛熱烈。但是不能因為語言不通就態度冷淡喔。「雖然不會說外語，可是我很喜歡妳」，抱著這種心情溫柔地對待，對方也能感受你的心情。而感受到的女孩也會覺得：「和你在一起很幸福喔」，於是傳達出彷彿女友一般的心情。

這樣一來一往的互動，使兩人之間產生無需語言的戀愛感情。這點若是沒有實際體驗過，也許很難理解，不過能有這種度假村情人的體驗，也是海外風俗店的魅力。前往海外旅行時，請確認能在哪種風俗店玩到。這可是展開新世界的大好機會喔！

118

插畫：ねぎねぎ納

各國
海外風俗店
指南

在日本人喜愛的 7 個亞洲國家，能享受到哪些風俗店玩法呢？在此將淺顯易懂地說明。可以先決定目的地再確認，也能依照容易玩的程度決定目的地！

韓 國
韓流美女等你來玩！

推薦度	★★★	能玩到的類型
小姐水準	★★★★★	鬆一下、夜總會、應召站
危險度	★★★	
玩樂預算	20,000日圓〜	

「如果要到海外上風俗店，最想和韓國的韓流美女玩樂」，不少人都如此表示。不過由於近年的風俗規制，鬆一下的數量大幅減少。

中 國
美女也很多，但是有風險!?

推薦度	★★	能玩到的類型
小姐水準	★★★★	夜總會、色情三溫暖、應召站
危險度	★★★★★	
玩樂預算	10,000日圓〜	

中國號稱玩女人的寶庫，不過原則上禁止風俗店，一旦被發現恐怕會被公安逮捕。單獨行動時得特別注意。

台 灣
親日國家，可以放心遊玩

推薦度	★★★★	能玩到的類型
小姐水準	★★★★	日本人俱樂部、色情三溫暖、應召站
危險度	★★	
玩樂預算	15,000日圓〜	

正因為是親日國家，所以能放心遊玩。雖然價格高，不過台北市林森北路的日本人俱樂部、3星以下的旅館，男服務員會和應召女郎斡旋。

泰 國
治安良好，玩法類型豐富

推薦度	★★★★★	能玩到的類型
小姐水準	★★★★	泡泡浴、日本人俱樂部、日本人專屬色情按摩、援交咖啡廳、gogo吧
危險度	★★	
玩樂預算	10,000日圓〜	

在海外夜生活愛好者之間常常獲得最高評價！因為物價逐漸上漲，所以變得有點貴，不過十分推薦給第一次到海外風俗店玩樂的人。

澳 門
雖然價格高，但是全球美女雲集

推薦度	★★★★	能玩到的類型
小姐水準	★★★★★	色情三溫暖、夜總會、泡泡浴
危險度	★	
玩樂預算	25,000日圓〜	

從葡萄牙統治時代便是色慾橫流的賭城，十分受到歡迎。雖然價格昂貴，但是能和來自全世界的美女享受安全的性行為。

印 尼
意外不為人知的風俗大國！

推薦度	★★★★★	能玩到的類型
小姐水準	★★★★	色情三溫暖、夜總會、日本人俱樂部
危險度	★★	
玩樂預算	6000日圓〜	

日本人幾乎不曉得的風俗大國。盡是價格便宜、服務好的小姐。雖然給人皮膚黑的印象，但是很多巨乳美女，是個歡愉的國家！

菲律賓
日本人熟悉的女孩正等著您

推薦度	★★★	能玩到的類型
小姐水準	★★★★	泡泡浴、日本人俱樂部、援交咖啡廳、gogo吧
危險度	★★★★	
玩樂預算	10,000日圓〜	

因為菲律賓酒吧的關係，是日本人最熟悉的東南亞國家。和菲律賓酒吧同樣玩法的KTV或gogo吧非常好玩，不過治安不好是個障礙。

第四章

體驗終極的戀物癖！
不為人知的小眾風俗店

●超熟女風俗店　●胖子控風俗店

不只經驗豐富的色情技巧，也能高度期待不戴套性交！

超熟女風俗店

 無射精 親吻 幫忙打手槍 口交 體外性交 真槍實彈

 所需預算 **9,000日圓~1,5000日圓**

 玩樂時間 **60分鐘**

 推薦度 ♥♥♥♡♥

CP值
過火度
小姐水準
安心度

能夠享受超熟女獨有的重口味服務！

因為付錢上風俗店，想盡可能選到喜歡的小姐是理所當然的事。然而，儘管看了照片指名，有時候來的小姐卻判若兩人。碰上這種地雷娘，在風俗界就叫做「踩地雷」。

雖然各人喜好不同，不過世上喜歡地雷娘的男人也不少，像是主打胖妹的「胖子控」或主打熟女的「熟女控」，有些風俗店擁有特定的風俗娘類型。不過，這終究是小眾類型，被視為所謂的性癖好風俗店。

然而，1990年代後半經濟不景氣也波及到出版界，色情書刊也開始銷量停滯不前。此外蘿莉塔相關的出版規制也變嚴格，不只色情書刊業界，AV業界也被逼到窘境。而正是熟女拯救了這場危機。

122

藉由採用演出費低的熟女模特兒，不只能抑制製作費，營業額也提升了。此外「人妻」這個關鍵字在色情書刊和ＡＶ都確立了一個類型，掀起了一股熱潮。當然，這股浪潮也席捲了風俗界，色情業界進入空前的熟女人妻熱潮。

在色情業界工作的女性謊報年齡，通常是假裝比實際年齡還要年輕，為了利用加熱的熟女熱潮，甚至出現了反過來謊稱比實際年齡大的風潮。然而，從30幾歲到年逾花甲的阿姨，廣泛年齡層都用熟女來稱呼實在是不可行，所以年近花甲，或者年紀更大的熟女便以「超熟女」來區別。

就連色情業界整體，「超熟女」的供給和需求也會變少，不過在風俗界，在熟女愛好者之間超熟女世代正悄悄地崛起。

和只有觀看的色情書刊或ＡＶ不同，在風俗界實際面對超熟女。讓世上男人如此陶醉的超熟女風俗店，究竟有何魅力呢？

首先能想到的是，上風俗店的世代持續高齡化。60幾歲、70幾歲的銀髮世代不只想要年輕女孩，也

有想和同世代女性玩樂的需求。並且不只銀髮世代，有戀母情結的中年人或最愛奶奶的青年等，受到年輕世代的支持也不少。

風俗娘上了年紀後沒有從風俗店引退，她們的長處是能運用豐富的資歷接客。此外，丈夫比自己早死，肉體寂寞難耐，因而在風俗店下海的超熟女，正因性慾旺盛，所以客人能期待年輕女孩做不到的重口味服務。

至於超熟女獨有的服務是什麼，首先是不戴套性交。由於停經所以幾乎不可能懷孕，就算內射也沒問題。另外，如果是牙齒脫落滿口假牙的終極超熟女，能讓客人享受到牙齦口交這種終極技巧，或是欣賞她穿上圍裙等，令人想到母親或奶奶的超真實扮裝。

以前在郊區的鬆一下、帶出場酒館等地方能接受超熟女的服務，現在透過便利的應召站就能輕鬆玩樂。雖然制度和一般的應召站相同，不過玩樂費用為60分鐘不到1萬日圓，許多地方都蠻便宜的。

123

至於玩樂景點，如果是東京都內，巢鴨、大塚、日暮里、鶯谷附近有許多店家聚集。

在籍的風俗娘雖說是超熟女，實際上有40幾歲的女性。同時由於從熟女熱潮衍生的美魔女熱潮的影響，哪裡是地雷，還有可能遇見是年逾花甲的超熟美魔女。

日本全國各地發燒的超熟女風俗店，由於熱力四射也有被警察檢舉的事例。2010年名叫「奶奶的原宿」的巢鴨店家，因為讓30幾歲到60幾歲的十幾名女性賣淫的嫌疑而遭到檢舉。根據調查，大約5年半的時間內創下高達1億6000萬日圓的營業額。2013年，在籍小姐平均年齡63歲的超熟女店遭到檢舉。最高年齡為76歲，據說她一邊接受生活保護一邊以打工的感覺工作。客人多半是年長者，據說13年的營業額大約有3億2000萬日圓。

少子高齡化是使日本的將來蒙上陰影的嚴重問題，在風俗界也持續高齡化的現實，和超熟女風俗店竟有如此大量的需求，著實是震驚社會的事件。

和年輕的風俗娘相比，體力實在比較差的超熟風俗娘無法進行激烈的服務。這也是輕易地允許性交的背景。結果，雖然有店家被警察作記號而遭到檢舉，不過光顧超熟女風俗店的客人的目的，感覺無法斷言一定是只為了性交。或許客人在尋求超熟女才能讓人體驗到的女性的溫暖、包容力和療癒吧？

例如也有這種情形。因為年齡問題或心因性問題而勃起不良的客人，在年輕女孩面前無法勃起會十分沮喪吧？但是如果對方是超熟女，沒有勃起也很自然，能以豁出去的心情面對。有時這樣能奏效，因為超熟風俗娘的重口味服務而勃起。

超熟女風俗店已經不再是喜歡超熟女的性癖好者的專屬之物。面對年輕女孩會害羞的風俗新手，或許反倒適合去超熟女風俗店喔！

插畫：urute

胖子控風俗店

被壓倒性的肉體溫暖所包覆，戀物癖風俗店的代名詞

 無射精 親吻 幫忙打手槍 口交 體外性交 真槍實彈

 ¥ 所需預算 10,000日圓～20,000日圓

 玩樂時間 40分鐘～120分鐘

👍 推薦度 ♥♥♡♡♡

CP值 / 過火度 / 小姐水準 / 安心度

胖子控風俗店

其中還有超過100公斤的巨無霸肥胖風俗娘!?

近年來，豐滿女孩突然受到歡迎。這裡所說的「豐滿」是指豐盈的體態，不過在風俗界更誇張的胖子控風俗店成為一大運動，確立了它的存在。從前有一定數量的男性，比起瘦削型更喜歡胖一點的女性，但他們終究被視為狂熱的愛好者。被那種變態喜歡也無可奈何，女性們拚命地勉強自己努力減肥，夢想著變成像雞骨頭那樣消瘦的體型，但是從2013年豐滿女性取向的時尚雜誌創刊時，「女人豐滿一點也沒關係」的認知慢慢地滲透到女性的心中。結果，男性也能大聲地說：「其實我喜歡豐滿的女性」，男女雙方都掀起了豐滿女孩熱潮。於是一口氣獲得公民權的豐滿女孩，在各種領域都進行商品化。

從酒店或酒吧等陪酒工作到應召站或泡泡浴等風俗店，以胖妹為賣點的店陸續開張，胖子控風俗店

126

招募網站也登場了。以自己的肉體為賣點追求高收入，在夜世界出道的胖女孩急速增加中。另外，藉此AV出道的女性也不少，被觀眾接受的胖妹AV廠商也獲得人氣。與其忍受嚴酷的減肥過程降低體重，過著怠惰的生活發胖，不用說當然比較簡單。

結果，風俗界迎接空前的胖妹泡沫化。

那麼，想要實際體驗胖子控風俗店的你，突然嘗試「胖妹」實在太過刺激，也許你會先在網路上搜尋「豐滿」，但我會跟你說：「請等一下！」這是因為一開始就自稱豐滿專門店的店家，大多數在籍的小姐反而都是進入胖妹領域的超規格重量級女性。

先上網去看巨乳專門店，從中挑選胖瘦恰到好處的女性才是上策。標準是簡介上的腰圍為「64公分」，這種女性有強烈的肥胖傾向，因此不妨挑選腰圍在這個數值左右的女性。首先是豐滿，漸漸地讓胯下習慣後再前往正統的胖子控風俗店吧！

此外，雖然前面以「胖子控風俗店」這個名稱進行介紹，不過實際上「胖子控風俗店」並非風俗店的特定類型。像胖子控性感酒店、胖子控應召站、

胖子控泡泡浴等，它是前面介紹的風俗店的附帶要素之一。因此玩法內容也不一樣，在此將介紹在合法風俗店之中店鋪數量特別多，應召站形式的胖子控風俗店的流程。

到玩樂前的流程和應召站相同，從打電話到店裡，或是直接前往櫃台開始。在此必須注意挑選賓館這一點。雖然也有超便宜的出租房間，不過還是旅館，尤其是浴室很大的地方。具體而言如果不知道該選哪間旅館，不妨詢問櫃台。對方是頗具分量的重量級。在出租房間裡理想和小姐一起淋浴卻窄到進不去；玩樂時因為床鋪簡易廉價嘎吱嘎吱地響，而無法專心做愛，這種令人笑不出來的事也有可能發生。

指名女孩時，店裡體重較輕的女孩主要吸引新手客層或第1次上門的客人，最重量級都擁有固定的性癖好常客，所以剛好位於中間的略胖女孩最沒有人氣，比較容易指名。離題一下，去胖子控風俗店的客人當然最愛胖女孩。很多人會送食物給小姐，也希望小姐當場吃掉。雖然看到女孩大口吃著蛋糕

的模樣十分令人興奮，不過對女孩來說沒辦法吃完那麼多食物，因此通常她們會敬而遠之。

那麼，招呼指名的女孩進房間開始玩樂。雖然無法斷言百分之百，不過通常胖女孩比苗條體型的女孩服務精神更旺盛。雖說在風俗店工作，還是不想讓別人看到自己肥胖的裸體。然而，不僅讓初次見面的男人看了，而且她的肉體讓男人很舒服。這樣沒辦法不溫柔一點呢。另外，雖然常有人說：「抱起來比瘦女孩更舒服」，不過這是事實。不只胖妹，像是巨乳女性有時會幫人乳交（小●雞夾在乳房中間摩擦的玩法），不過實際體驗一下乳交，倒也沒有多爽快。反倒是視覺上令人興奮的效果極大。然而，或許是因為胖女孩的肉量比一般人還要多，被包覆的感覺真的很舒服，這是絕對要來一下的玩法。這和體外性交相同，能體驗到相當接近性交的感覺。若是應召站，最後是以口交或體外性交結束，不過胖女孩對於自己的肉體還是有一種自卑感，不習慣被男性溺愛。另外M氣質的女孩很多，也有經不起慫恿的一面。因此和一般的應召站相

比，性交交涉容易成功，不過終究還是請各位自己承擔責任。

反之如果要舉出胖子控風俗店的缺點，由於胯下太多肉，所以透氣性差，陰道容易悶熱的女孩很多。舔陰時若不把肉掰開舌頭就舔不到，因此不太推薦。並且胖女孩當然不擅長騎乘位。性交時，失去平衡有可能折斷小●雞，所以建議各位以正常位或後背位插入（笑）。

插畫：ねぎねぎ納豆

性癖好者垂涎三尺!?地雷風俗娘

踩到地雷就Bye Bye!?
請小心神經病風俗娘

在風俗界令人失望的店家或女孩叫做「地雷」。

顧名思義，意思是踩到就會沒命。地雷娘也有好幾種，首先是「長得超醜」的類型。這是天生的，實在沒辦法，不過店家網站上刊出的照片和長相天差地遠，有的腫脹成像另一個人，在見到面的瞬間會有一種悲哀的心情。網站上的照片都是「照騙」啊。

接著是「毫無幹勁」的類型。接客態度很差，服務也不到位，這種小姐待的店一間換過一間（這叫做轉轉蟲），她們等著客人指名新人，趁機大撈一筆。

各種地雷之中「精神病」的類型特別嚴重。因為厭食症而極度瘦弱，或是手上有割腕痕跡，不過她們非常容易接受性交，嘗到甜頭不小心對她們太

好，對方有可能變成跟蹤狂。而且客人和她發生了被禁止的性行為，她會以此要脅，就算想甩也甩不掉，碰到這種的下場悽慘無比。

最近也有店家強調自己是地雷專門店，能以超便宜價格和地雷娘玩樂，不過和地雷娘的糾葛，真的不是只有玩玩而已。

主要的在籍風俗類型

在各種風俗店出沒

主要年齡層20～40歲

外貌	★★
技巧	★★
淫亂度	★★★★★

性交率 90%

插畫：urute

床戰技巧篇

讓女人有感覺的親吻和讓她突然變成放蕩女的愛撫插入術

鬆懈心理防禦，藉由技巧提高性交感覺，讓她做好準備接受

女性同意把身體交給男性的心理，有「積極的同意」和「逃避的同意」這2種模式。相對於前者是正面接受男性的要求，後者則是轉嫁責任到男性身上，兩者有著這樣的差異。

無論如何，若是女性同意的狀況，便容易接受男性在性方面的要求。

這也適用在風俗店工作的女性。例如，因為想要到海外旅行的旅費，而到風俗店工作屬於「積極的同意」。因為丈夫失業，為了支撐家計，沒辦法只能到風俗店工作，也能替換成「逃避的同意」。

一般人以為，女性被討厭的男性觸摸會起雞皮疙瘩，不過事實上未必如此。人類具備「立毛反射」這種功能，如果被觸碰敏感的部位，交感神經受到刺激便會起雞皮疙瘩。這個作用無法憑自己的意志控制，所以有時和好惡的感情無關。

女性的性感帶散布在全身的大範圍，因此只要稍微觸碰容易有感覺的身體，就會抖動有所反應。這是因為刺激到性慾中樞，也觸動了女性生殖器。

讓女性有感覺的接吻技巧，首先是嘴唇弄濕。一邊感受對方柔軟的嘴唇，一邊想像打開有牙陰道，慢慢地促使對方張開嘴唇。並且把舌頭伸入嘴裡。對牙齦、上顎和舌頭背面等處增添輕重緩急，均勻輕柔地刺激。此外，一邊發出聲響一邊吸吮來提高性交感覺。

總之，不只情緒高漲，如果變成這種心理狀態，女性就能不失尊嚴地回應性愛。

親吻這個行為容易將女性帶往這種心理狀態。實際上來說，親吻和做愛都是黏膜的接觸。因此，即使說接吻技巧的好壞能影響是否達陣也不為過。

132

插畫：nあくた

因此，突襲式的身體碰觸能刺激平靜的性慾中樞，更加提高女性的性慾。邀對方上床時，不妨乘隙積極地行動。內心的活動與當事人的意志無關，會反映在身體的動作上。女性想被喜歡的男性擁抱時，自然會被愛液潤濕，這也正是這種狀態。

一本正經的女性做愛時會完全露出本性狂亂絕頂。這種女性令人意外的一面使男性感到刺激興奮。想要引出女性淫蕩的樣貌，可以舔腳趾或肛門，或是在生理期舔陰等，用嘴巴愛撫女性覺得骯髒或羞恥的部位也很有效。而且也有突襲的效果，能讓女性更加興奮，使她露出意外的一面。

感受到性高潮的女性陰蒂會勃起。這裡會分泌愛液，使陰蒂插入時變得順暢，大陰唇和小陰唇充血，陰道口就會變清楚。透過指交，你大概覺得變成這種狀態就是能插入的時候。

但是這時別心急，繼續加以刺激，不只陰蒂和陰道口，陰道內也會發生變化。其實這個時候才是插入的最佳時機。

女性興奮程度最高時，子宮位置會移動，陰莖的

刺激也容易傳達到子宮。女性大叫：「頂到最裡面好爽！」正是這種狀態。

用陰莖頂陰道內讓子宮移動，若是缺乏持久力便很困難，不過透過愛撫，任何人都能讓子宮位置移動。讓子宮位置移動的指交方法，不只是指腹朝上責弄G點，指腹也要轉向側面摩擦陰道內的側壁。約肌有個部分會把陰道壁往上推，刺激這裡會使子宮位置移動。於是陰道壁也會隆起，陰道的緊度也會提升。

若是陰道的性交感覺充分開發的女性，陰莖插入後別只是單調的活塞運動，要留意刺激陰道內的所有部分。為此像是陰莖的插入角度、抽插的強弱、順暢的體位變換等，費點心思也很重要。

插畫：咲田ゆ

在店裡和女孩開心玩樂的禮儀基礎知識

去遊玩前最好先了解的
風俗店NG事項＆禮儀

☆去遊玩前的準備

在商業界有句話是「客人就是神」。這句話的含意是「生意是客人對產品與服務掏出錢才能成立，所以必須不斷努力滿足顧客」。一方面客人心想：「我是出錢的人，我就是神」，如果連必須遵守的常識禮儀都無視，擺出傲慢的態度，店家可能會覺得：「就算你是神，也只不過是瘟神。」尤其在風俗店，是面對嬌弱的女性，所以稍微違反禮儀，因而造成服務品質低落的情形也不少。男女之間有各種禮節和禮儀，因此可別一不注意就忘了。

在風俗店經常會讓女孩幫你洗身體，許多人覺得這時候再洗乾淨就好，所以不會在事前洗澡，不過在詢問風俗娘「哪種客人最NG？」的問卷調查中，評價最差的就是「骯髒的人」。就算小姐會幫你洗身體，如果在這之前讓她們覺得：「這個人很髒！」服務肯定會變差。所以去遊玩前一定要先沖澡。

特別是局部周圍當然要仔細清洗，而大腿內側最容易被忽略。這裡和腋下同樣容易出汗，也是容易殘留氣味的部位。口交時這裡是女孩的臉最靠近的區域，因此得注意。

刷牙＆注意口臭當然也很重要。「因為很期待和女孩接吻，所以一定會刷牙，可是對方都不願意深吻」，這樣的人或許有連自己都沒察覺的口臭。從胃裡湧現的口臭光靠刷牙是去不掉的，這時不妨試試口氣清新劑。

一般人最容易忘記修剪指甲。在風俗店經常直接接觸女孩，指甲長抓傷女孩皮膚也並不少見。就算是可以插入手指的店，女孩也會確認你的指甲，要

136

是覺得：「被這指甲弄傷會很痛」，有時就不能插入手指，因此去玩之前先確認，假如太長就剪短，再用銼刀磨指甲。指甲立起摩擦手掌，不會勾到才是禮儀。

☆在店裡容易忽略的禁忌

實際上踏進風俗店遊玩，和女孩互動時違反禮儀的人也不少。不知不覺容易違反的禮儀，讓我們來看看究竟有哪些吧！

雖然明白打聽個人私事的客人並沒有惡意，但是會對女孩追根究抵地打聽個人私事的客人，有不少女孩都抱持著厭惡感。像是詢問本名、住哪裡、結婚了沒等等。雖然有的女孩會若無其事地告訴對方，不過要是看到女孩稍微露出討厭的表情，最好還是改聊別的話題。

親切地說：「這種工作還是早點辭去吧」，這也是小姐最不想聽到的台詞之一。在風俗店工作的女性，或多或少都對在風俗店工作的自己抱持著厭惡感。因此，雖然是親切的建議，卻會讓女孩子傷心。講難聽一點，「花錢來玩女人的你」，說的這是什麼話？

在不能性交的風俗店工作的小姐，最討厭聽到的一句話就是「讓我直接上！」雖然嫖客明知不可能，只是想說這句話，不過就小姐的立場，沒有在泡泡浴等全套店工作的理由就是因為「不想性交」，所以這句話會越聽越火大。如果只說1次還可以笑著敷衍，可是小姐不斷拒絕，客人卻還繼續要求，這時中斷玩樂，真的動怒的小姐也不少。如果想要享受服務，最好還是別說這句話。同樣地店家規定的插入手指等NG事項，也絕對不要強迫對方。

雖然不擅長和女孩說話，或者原本就沉默寡言的人也不少，不過在風俗娘問卷調查中，她們覺得最難應付的客人就是「不說話的人」。為何女孩覺得「不說話的人」最難應付呢？那是因為她無法知道客人對自己的服務是否滿意。正如自己獲得稱讚不會有人覺得討厭，風俗娘也一樣，自己的技巧或容貌被讚美，不會感覺不好。自己使出的服務技巧如果能獲得「好爽♥」的反應，自然會覺得「想讓

對方更舒服」。當然，像AV男優那樣說出「那裡好爽」，你可能太害羞說不出口，但是代替語言露出陶醉的神情，或者發出喘息聲，不是什麼需要害羞的事。原本在風俗店就是全裸擺出害羞的姿勢玩樂，現在就算發出喘息聲根本不成問題。稍微鼓起勇氣，向女孩表現出你覺得很舒服的樣子吧。

☆店家的NG事項

NG事項貼在店內的等候室或享樂室等處。也許你不曾仔細地看過，但要是不遵守後果可能會很嚴重，因此建議你先看過一遍。大家都知道，在不能性交的店禁止強迫性交行為或插入手指等事項，此外還有挖角行為、禁止瞞著店家在店外約會、以及偷拍行為等。其中偷拍最為嚴重。只要有智慧型手機，任何人都能輕易偷拍，所以偷拍問題在風俗店急速增加中。即使抱著隨便偷便的心情，若是被發覺，可能會以為不會被抓包，可是上傳到臉書後從帳號就能輕易地找到你，所以請絕對不要這麼做。

NG事項和禁忌，還有玩樂的禮儀，聽來盡是刺耳的詞語。就算自認沒問題的人，看過之後，或許會有想到的項目。倒也不是在責怪各位。反倒是玩樂禮儀提升後，相對而言會增加和女孩變親密的機會，所以好處多多。要當窮神還是福神全看你自己。

插畫：有一九

風俗專門用語集

這下你也是風俗通！現在不敢問人的

◆愛液……女性興奮時從陰道流出的分泌液。通常是無色，不過摩擦後會變成白濁液。偶爾會和精液搞錯。也叫做love juice、淫水等。

◆肛門……屁眼。有的風俗娘拒絕插入陰道，但是接受肛交。

◆泡泡浴小姐……泡泡浴女郎。出自女性用沾滿泡泡的全身洗客人身體的泡泡舞玩法。

◆飲尿……SM玩法之一。喝尿的行為。尤其直接喝從那裡尿出來的尿叫做「直接飲用」。

◆性無能……小●雞不再勃起。通常是由於心理因素，有時候緊張也會引起這種情形。

◆違法風俗店……未取得風俗營業許可的非法風俗店。站壁的、濫交派對、鬆一下等等都是。

◆AF……肛交。在人妖健康中心，這是固定的結束玩法。

◆黃金……SM玩法之一。女王的排泄物。小便則叫做黃金水。

◆改裝中……暫時歇業。通常是1～2個月，因為政府指示勒令停業的期間，會用這個說法當成藉口。

◆情侶咖啡廳……通常是男女一起上門，被其他客人看著做愛的店。最適合暴露狂情侶、防止玩法千篇一律。

◆顏射……在AV使用的終結技。射精時把精液射到女性臉上。有些店加入自選玩法中。

◆顏面騎乘……SM玩法之一。女性坐在客人顏面上，用那裡磨蹭。雖然會變成窒息狀態，有些人卻說這就是快感。

◆花名……小姐在風俗店使用的名字。

◆口內射精……不戴套直接口交時，在女性的嘴裡射精。

主要在半套店結束時進行。有的女孩會直接吞精，一口氣喝光。

◆扮裝……讓小姐穿上客人喜歡的服裝，然後享樂。

◆言語羞辱……使用下流或羞恥的詞語提高興奮度的玩法。原本是從SM玩法開始使用。

◆3P……3人的玩法。以2男1女，或2女1男等組合享樂。

◆視姦……幻想俱樂部的一種玩法。像是玷汙異性般直盯著看。

◆69式……男女互舔生殖器的行為。是健康中心等店的必殺技。

◆吹簫……口交。

◆糞尿癖……使用排泄物的狂熱玩法。

◆色鬼椅……泡泡浴使用的椅子。坐著就能清洗肛門和小●雞。

◆體外性交……健康中心玩法之一。陰莖在女孩胯下磨蹭，能體驗插入般感覺的玩法。若是技巧不錯的小姐，有時會讓客人比做愛更舒服。

◆點到為止……在射精前停手。也叫做射精管理。

◆潛望鏡……泡泡浴玩法之一。男性從浴缸裡腰部浮起，讓小●雞露出水面，由小姐含住口交。

◆前列腺按摩……用手指或按摩棒刺激男性肛門裡的前列腺，經過開發後即使沒有勃起也會射精。

◆不洗鳥馬上含……泡泡浴玩法之一，男性客人在淋浴前不戴套直接口交。

◆外射……不戴保險套做愛，在要射的時候抽出小●雞，在陰道外射精。有些技術好的人會顏射或口爆。

◆屌屌剝削……敲竹槓風俗店的伎倆。每當女孩脫一件衣服就得付錢等，像是剝竹筍皮一樣附加費用。

◆站壁的……站在街角拉客進行賣春行為的女性。通常是無法在泡泡浴工作的小姐，或者是未成年少女的女性。此外不知不覺間會被偷走錢包，經常發生問題，因此不推薦。

◆毛刷清洗……泡泡浴玩法之一。由於女性的陰毛很像毛刷而有此名。用起泡泡的陰毛清洗男性客人身體的技巧。

◆癡女……最喜歡做愛的女性。在某些店被綑綁的男性會受到癡女單方面的進攻。

◆見屄反折體位……男性仰臥身體彎曲開腳的姿勢。胯下和肛門同時完全看見的羞恥姿勢。女性的情況叫做見屄反折體位。

◆肉壺清洗……泡泡浴玩法之一。手指一根一根插入陰道並抽出，同時清洗的技巧。

◆DC……約會俱樂部的簡稱。小姐會來到旅館。有些地

方也能在外頭見面，不過最後是在旅館享受性愛。

◆剃毛……剃陰毛。雖是SM玩法之一，但在健康中心等店家有時是自選服務。私處無毛叫做白板。最近許多女性會把陰毛剃光或是加以修整。

◆幫忙打手槍……小姐用手刺激陰莖，也有幫忙打手槍的專門護膚店。

◆胖子控……對肥胖的異性感受到性魅力。有些健康中心或酒店裡都是胖妹。

◆應召站……Delivery Health。把小姐叫到家裡或旅館接受性服務的制度。在店鋪型風俗店變少的現在，已成為主流風俗店。

◆電話俱樂部……在包廂裡接到女性來電，享受對話，或是看交涉結果享受自由戀愛的制度。在15年前蔚為風潮，不過現在交涉減少了。在札幌等地現在仍是熟女利用的搭訕手段。

◆借同上班……和酒店小姐在店家開始營業前碰頭約會，之後一起去店裡的制度。有些店會強迫偕同。

◆鑽孔肛門舔法……舌頭伸進肛門裡面，像鑽頭一樣不停轉動，給予刺激的技巧。第一指名的半套店小姐之中，有的人會使用鑽孔肛門舔法。

◆內射……在陰道內射精。在射精的瞬間，能實際感受到

從龜頭射出的精液，所以有些女性也喜歡內射。

◆口交、不戴套直接口交……不戴套口交。反之戴著保險套口交叫做「戴套口交」，不過很少這樣玩。

◆人妖……女性的身體，卻擁有陰莖的人。其中也有已經變性，那邊變成陰道的人。有的人妖比真正的女性更漂亮、更有女人味。

◆不穿內褲咖啡廳……女服務生以上空、不穿內褲、迷你裙的裝扮接待客人的咖啡廳。據說源自於大阪，在全盛期還誕生了不穿內褲女王伊芙。

◆雙性戀……性對象不拘男女的人。也叫做二刀流。

◆花瓣迴轉……在半套店進行的服務。在時間內小姐會換手服務。通常為3人到4人。在時間內如果有體力，可以多次射精。

◆自拍淫照……從AV誕生的玩法風格。一邊做愛一邊由其中一人手持錄影機或相機拍下性行為。由於附相機的手機普及，情侶變得能輕鬆地拍下自拍淫照。

◆送內褲……色情雜誌的讀者服務，贈送模特兒或登場女性穿過的內褲的制度。在某些風俗店是自選服務。

◆半套店……也叫做粉紅沙龍。酒店風格的女孩用嘴巴或手幫客人打出來的店。

◆時髦健康中心……店鋪型風俗店。彼此在淋浴後，以

69

式、幫忙打手槍、口交、體外性交等方式幫客人打出來的店。

◆ 戀物癖……狂熱玩法或性癖。指對於女性的臀部、腋下、腿部等部位很執著，或是對於私處的味道、穿過的內褲很執著。

◆ 變態……性方面異常者。這種人興奮的對象比一般人更下流。

◆ 性交……性行為。

◆ 皮條客……在鬧區向路人搭話，並把人帶到店裡的人。也叫做龜公。人氣店不會在路邊拉客，所以會有被敲竹槓的危險。

◆ 春宮秀……脫衣秀之一。在舞台上攤開又薄又硬的棉被，舞女和客人性交，讓其他客人觀賞。人氣舞女有時會讓客人猜拳再挑對象。近年來已經銷聲匿跡。

◆ 蒙眼睛玩法……使用眼罩等，使視覺功能失去，身體功能就會變敏感，容易有感覺。在某些店，客人從頭到尾都被強迫戴著眼罩，受到小姐單方面的進攻。這是出乎意料，十分刺激的妄想玩法。

◆ 野外玩法……露天性愛。在戶外的性愛玩法。適合想被人窺視，想讓人看的情侶。有些健康中心或SM俱樂部也會採用。

◆ 夜襲……潛入正在睡覺的人的房間做愛。有一陣子，夜襲健康中心非常受歡迎。

◆ 幸運洞……貼在牆上的真人大小裸體畫像的那裡開了個洞，把陰莖插進那裡後，會有人在牆壁的內側幫你打手槍或口交，讓你射精的方式。非常便宜的風俗店。由於看不見幫你打手槍的人，謠傳說可能是男性躲在另一側。

◆ 濫交派對……多名男女聚在一起做愛。是會被檢舉的對象，現在變成只有性癖好者的祕密集會。

◆ 暴露狂……暴露身體害臊的部位，被別人看見會覺得興奮的人。

◆ 蘿莉控……把未成年少女等當成性對象。絕對不行喔！

TITLE

老司機揪上車！日本風俗店考察團

STAFF

出版	瑞昇文化事業股份有限公司
編集	全國風俗研究會
譯者	蘇聖翔
編輯	瑞昇編輯部
排版	執筆者設計工作室
製版	明宏彩色照相製版有限公司
印刷	桂林彩色印刷股份有限公司
	紘億彩色印刷有限公司
法律顧問	立勤國際法律事務所　黃沛聲律師
戶名	瑞昇文化事業股份有限公司
劃撥帳號	19598343
地址	新北市中和區景平路464巷2弄1-4號
電話	(02)2945-3191
傳真	(02)2945-3190
網址	www.rising-books.com.tw
Mail	deepblue@rising-books.com.tw
初版日期	2020年9月
定價	320元

國家圖書館出版品預行編目資料

老司機揪上車!日本風俗店考察團 / 全國
風俗研究會採訪.編集；蘇聖翔譯. -- 初
版. -- 新北市：瑞昇文化, 2020.09
144面；14.8 X 21公分
譯自：はじめてのふうぞく：絶対に失
敗しない夜遊びガイドbook
ISBN 978-986-401-436-1(平裝)

1.特種營業 2.日本

544.767　　　　　　　109011466

ORIGINAL JAPANESE EDITION STAFF

著者	全国フーゾク研究会
カバーイラスト	師走の翁
巻頭マンガ	只野さとる
挿絵イラスト	

nあくた
(P11、57、95、115、133)

蒼井遊美
(P17、25、33、37、41、49、65)

咲田咲
(P21、79、135)

五十嵐電マ
(P27、59、67、77、83、105)

外山じごく
(P29、39、51、73)

ねぎねぎ納豆
(P45、87、101、119、129)

有一九
(P61、139)

urute
(P89、93、111、125、131)

編集	有限会社 ジップスファクトリー
	北原あすか（笠倉出版社）
	尾美英作（笠倉出版社）